確認しながらおぼえる
韓国語基本単語帳

須賀井 義教

朝日出版社

―――― 音声サイトURL ――――

https://text.asahipress.com/free/korean/kankitan/index.html

はじめに

　本書は，大学の授業で韓国語を受講している学習者を対象に，初級段階の語彙を確認しながら学べるよう，約1500語を例文とともに提示したものです．授業で用いられている教科書の補助，あるいは副教材として，学習者が授業の内外で本書を活用し，語彙を増やすことをねらいとしています．

　本書の特徴は以下のとおりです：

・「〈ハングル〉能力検定試験」の初級（5級・4級）に対応
・単語を意味別に分類し，学習レベルや用言の活用形も提示
・初級段階の文法項目を用いた例文で，単語の使い方を把握
・3ページごとの確認問題で，学習した内容を確認
・「まとめ」セクションや補足コラムで，発音や文法についても解説

　また，全ての項目と例文について，日韓それぞれの音源を提供しています．発音の確認やシャドーイング練習などに活用してください．

　最後になりましたが，本書の全体にわたり韓国語のチェックをしてくださった高權旭先生，音源の吹き込みを担当してくださった金成恩先生ならびに朝日出版社の小髙理子氏，そして本書の企画全体に助言をくださった朝日出版社の山田敏之氏に，心から感謝を申し上げます．

2019年1月
著者

目　次

本書の使い方

001	代名詞（1）（✔「わたし」を指すことば）	2
002	代名詞（2）	3
003	代名詞（3）（✔ 助詞のつけ方）	3
004	疑問を示すことば，ほか（✔「〜は」と「〜が」）	4
005	学びに関わることば（1）（✔ 해요体（1））	6
006	学びに関わることば（2）（✔ 해요体（2））	7
007	学びに関わる動詞（✔「〜に」に当たる助詞）	8
008	位置を指し示すことば（1）（✔ 해요体（3））	10
009	位置を指し示すことば（2）（✔ 해요体（4））	11
010	移動を表す動詞（1）	12
011	数詞（1）（✔ 해요体（5））	14
012	数詞（2）（✔ 합니다体）	15
013	時を表すことば（1）（✔ 時間の言い方）	16
014	時を表すことば（2）（✔〈過去〉の表現）	18
015	時を表すことば（3）	19
016	時を表すことば（4）	20
まとめ①	発音編・その1	22
017	時を表すことば（5）	24
018	時を表すことば（6）（✔「〜から」と「〜まで」）	25
019	生活に関わる動詞（1）	26
020	数詞（3）	28
021	数量に関わることば（1）	28
022	数詞（4）	29
023	数量に関わることば（2）	29
024	生活に関わる動詞（2）	30
025	家族に関わることば（1）	32
026	家族に関わることば（2）	33
027	人の動作を表す動詞（1）	34
028	冠形詞（✔ 冠形詞とは）	36
029	感嘆詞	37

030	接続・指示を表す副詞	38
031	人を表すことば	40
032	取り扱い・着用を表す動詞	41
033	持ち物	41
034	服飾に関わることば（1）	42
035	服飾に関わることば（2）	42
まとめ②	文法編・その1	44
036	身体を表すことば（1）（✔ さまざまな終止形語尾（1））	46
037	身体を表すことば（2）（✔ さまざまな終止形語尾（2））	47
038	健康・体調に関わることば	48
039	健康・体調に関わる形容詞	48
040	教室に関わることば（✔ さまざまな終止形語尾（3））	50
041	住居に関わることば（1）	51
042	住居に関わることば（2）	51
043	住居に関わることば（3）（✔ さまざまな接続形語尾）	52
044	交通・乗り物（1）	54
045	交通・乗り物（2）	55
046	店・建物（1）	55
047	移動を表す動詞（2）	56
048	店・建物（2）（✔ 連体形（1））	58
049	趣味に関わることば	59
050	人の動作を表す動詞（2）	59
051	文化的活動に関わることば	60
052	飲食に関わることば（1）（✔ 連体形（2））	62
053	飲食に関わることば（2）	63
054	作成や働きかけを表す動詞（✔ 連体形（3））	64
まとめ③	文法編・その2	66
055	飲食に関わることば（3）	68
056	飲食に関わることば（4）	69
057	飲食に関わる形容詞（✔〈否定〉と〈不可能〉）	69
058	飲食に関わることば（5）（✔ 連体形を使った慣用表現）	70

番号	タイトル	ページ
059	数量に関わることば（3）	72
060	順序を表すことば（1）（✔ さまざまな慣用表現）	73
061	順序を表すことば（2）（✔ 으語幹の用言）	74
062	生活に関わることば	76
063	対で覚える形容詞（1）	77
064	程度を表す副詞	78
065	旅行に関わることば	80
066	旅行・交通に関わる動詞	80
067	人の動作を表す動詞（3）	81
068	植物	81
069	自然現象を表す動詞	81
070	自然現象に関わることば（✔ 르変則活用の用言）	82
071	態度・催促を表す副詞	84
072	開閉を表す動詞	84
073	対で覚える形容詞（2）	85
074	頻度を表す副詞	86
075	存在詞・指定詞	86
まとめ④	発音編・その2	88
076	思考を表す動詞	90
077	因果・真偽に関わることば	91
078	開始・終了を表す動詞	91
079	行政区画（1）	92
080	国・地域に関わることば（1）	94
081	国・地域に関わることば（2）（✔ ㅂ変則活用の用言）	95
082	行政区画（2）	96
083	コミュニケーションに関わることば（1）	98
084	順序・時間を表す副詞（✔ ㄷ変則活用の用言）	99
085	コミュニケーションを表す動詞（1）	100
086	コミュニケーションに関わることば（2）	102
087	名前に関わることば	102
088	コミュニケーションに関わることば（3）	103

089	コミュニケーションを表す動詞（2）	104
090	心の動きに関わることば	106
091	性格・性状を表す形容詞	106
092	心の動きを表す形容詞	107
093	様態などを表す副詞	108

まとめ⑤ 文法編・その3 …… 110

094	授受・売買を表す動詞	112
095	評価に関わる形容詞（1）（✔〈尊敬〉の表現）	113
096	評価に関わる形容詞（2）	114
097	運動・スポーツに関わることば	114
098	知覚に関わる動詞	116
099	心の動きを表す動詞	116
100	知覚を表すことば（✔「～が好きだ」「～が嫌いだ」）	117
101	知覚に関わる形容詞	118
102	指示を表す形容詞（✔ ㅎ変則活用の用言）	118
103	職業に関わることば	120
104	問題解決・業務に関わることば（1）（✔ 固定された形の表現）	121
105	問題解決・業務に関わる動詞（1）（✔ ㄹ語幹の用言）	122
106	問題解決・業務に関わることば（2）	124
107	問題解決・業務に関わる動詞（2）	125
108	切断・増減を表す動詞	126
109	動物（✔ 辞書の引き方（1））	128
110	変動・思考に関わることば	129
111	差異・関連に関わることば	130
112	生起・変動に関わる動詞	130

まとめ⑥ 読解編 …… 132

113	ハングル字母の名称（✔ 辞書の引き方（2））	134
114	補助用言	135
115	依存名詞	135
116	接頭辞・接尾辞	136

索引 …… 138

本書の使い方

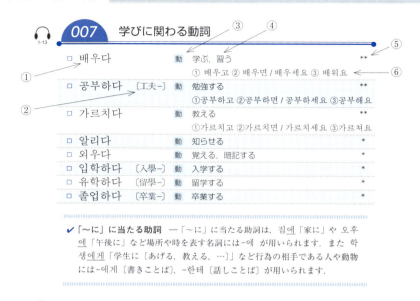

〈本書の構成〉

　各ページは単語リストと例文で構成され，必要に応じて補足コラムが入っています．また，3ページおきに「確認しよう」と題した練習問題を入れました．そこまでの3ページで扱った単語について，意味や活用を，作文などでおさらいすることができます．

〈単語リスト〉

　単語リストは，韓国語学習の初級段階で必要と考えられる約1500語を，意味別に分類して提示しました．それぞれの単語について，以下の情報を示しています．

① 見出し語：韓国・国立国語院の「標準国語大辞典」に基づいた形を提示しました．見出し語・例文の分かち書きについても，上記の辞典にならいました．

② 漢字表記：漢字語の場合，その漢字表記を示しました．

③ 品詞：各単語の品詞を略号で示しました．品詞の一覧は以下の〈品詞略

号〉を参照してください．
④ 意味：できるだけ多様な訳語を示しました．縮約形などといった補足説明を（　）内に示してあります．また，用言の変則活用については，意味の後ろに〈　〉で示しました．
⑤ 学習レベル：「〈ハングル〉能力検定試験」（ハン検）の初級レベルに該当する語について，5級（入門前半）の語には「**」，4級（入門後半）の語には「*」を示しました．無印は3級（中級前半）以上か，または設定がない語です．なお，「(**)」のようにカッコに入れてあるものは，ハン検の語彙リストである『合格トウミ』に見出し語として提示されておらず，該当レベルの関連語として示されている項目です．
⑥ 活用形：動詞・形容詞といった用言のうち，学習レベルで「**」に該当する項目についてはその活用形を示しました．それぞれ語尾①-고，②-(으)면／-(으)세요，③-아요/어요をつけた形です．なお，これらの語尾がついた形が実際には使われない場合，活用形を（　）に入れて示し，実際に使われる形を「⇒」で示しました．

〈例文〉
　各ページで提示された語について，例文を提示しました．例文で用いた文法項目も，できる限り初級の学習範囲で収まるようにしてあります．「コラム」や「まとめ」なども参照して意味を把握し，音読もしてみてください．

〈品詞略号〉

名	名詞	代	代名詞	数	数詞	依	依存名詞
動	動詞	形	形容詞	存	存在詞	指	指定詞
補動	補助動詞	補形	補助形容詞	副	副詞	冠	冠形詞
接頭	接頭辞	接尾	接尾辞	感	感嘆詞		
表	2語以上からなる句，表現，活用形						

〈変則活用略号〉

〈으語幹〉	으語幹	〈ㄷ変〉	ㄷ変則	〈ㅂ変〉	ㅂ変則
〈ㅅ変〉	ㅅ変則	〈ㅎ変〉	ㅎ変則	〈르変〉	르変則

001 代名詞(1) 人を示すことば

□ 저	代	わたくし	**
□ 나	代 名	私, おれ, 自分	**
□ 저희	代	わたくしども, 私たち	**
□ 우리	代	我々(の), うちの	**
□ 제	代	わたくし, わたくしの (저의)	**
□ 내	代	私, 私の (나의)	**
□ 자기 〔自己〕	名 代	自分	**
□ 너	代	お前	
□ 너희	代	お前たち, お前ら	
□ 그	代	彼, それ	*
□ 이분	代	この方	**
□ 그분	代	その方, (現場にいない人を指して)あの方	**
□ 저분	代	あの方	**

✔ 「わたし」を指すことば ― 저 / 저희 / 제 はかしこまった文脈・場面で用い, 나 / 내 は対等もしくは目下の相手に対して用います.

- **저**는 학생입니다. 　　　私は学生です.
- **제**가 왕단이에요. 　　　私がワンダンです.
- **제** 이름은 장민수예요. 　　　私の名前はチャン・ミンスです.
- **우리** 학교는 이 근처에 있어요.
  　　　私たち(うち)の学校はこの近くにあります.
- **이분**이 김 선생님이세요. 　　　この方がキム先生でいらっしゃいます.
- 이건 **내** 책이에요. 　　　これは私の本です.

002 代名詞（2） ものを示すことば

□ 이것	代	これ	**
□ 그것	代	それ，あれ	**
□ 저것	代	あれ	**
□ 이거	代	これ（이것の縮約形）	**
□ 그거	代	それ，あれ（그것の縮約形）	**
□ 저거	代	あれ（저것の縮約形）	**
□ 아무것	名	（主に否定の文脈で）何	*
□ 이것저것	名	あれこれ	*

003 代名詞（3） 場所を示すことば

□ 여기	代	ここ，ここに	**
□ 거기	代	そこ，そこに	**
□ 저기	代	あそこ，あそこに	**
□ 이곳	代	ここ	(*)
□ 그곳	代	そこ	(*)
□ 저곳	代	あそこ	(*)
□ 이쪽	代	こっち，こちら	*
□ 그쪽	代	そっち，そちら	*
□ 저쪽	代	あっち，あちら	*
□ 여기저기	名	あちこち	*

✔ **助詞のつけ方** ―-는/은「～は」，-가/이「～が」は，母音で終わる名詞（パッチムで終わらない名詞）にはそれぞれ-는，-가をつけ，子音で終わる名詞（パッチムで終わる名詞）にはそれぞれ-은，-이をつけます．

- **여기**가 도서관이에요． ここが図書館です．
- **이것**은 한국어 교과서예요． これは韓国語の教科書です．
- **거기**에는 **아무것**도 없어요． そこには何もありません．
- **이쪽**으로 오세요． こちらへ来てください．

004 疑問を示すことば,ほか

□ 무엇	代	何	**
□ 무어	代	何（무엇の縮約形）	(**)
□ 뭐	代	何（무엇の縮約形）	(**)
□ 누구	代	誰	**
□ 어디	代	どこ,どこか	**
□ 언제	代 副	いつ,いつか	**
□ 얼마	名	いくら	**
□ 얼마나	副	どれぐらい	*
□ 어느 것	表	どれ	**
□ 아무	代 冠	（主に否定の文脈で）誰,何の	*
□ 이때	名	この時	*
□ 그때	名	その時,あの時	*
□ 이날	名	この日	*
□ 그날	名	その日,あの日	*
□ 그중 〔-中〕	名	その中	*

✔ 「〜は」と「〜が」——는/은「〜は」と-가/이「〜が」は,ふつう日本語と同じように使い分けますが,「誰」「いつ」などを用いた疑問詞疑問文では,日本語で「〜は」という部分に-가/이を用います.

- 그것이 **무엇**입니까? / それは何ですか？
- 이 책 **누구** 거예요? / この本誰のですか？
- 생일이 **언제**예요? / 誕生日はいつですか？
- 이거 **얼마**예요? / これいくらですか？
- 밥이 **얼마나** 남았어요? / ご飯がどれくらい残っていますか？
- **어느 것**이 좋아요? / どれがいいですか？
- **아무**도 안 가요. / 誰も行きません.
- **그때 어디**에서 만났어요? / その時どこで会いましたか？
- **그날** 비가 많이 왔어요. / その日雨がかなり降りました.

確認しよう

A 単語の意味を考え，他と異なる単語を一つ選ぼう．

1. ①저기　　②저곳　　③저희　　④저쪽
2. ①나　　　②너　　　③우리　　④여기
3. ①우리　　②저희　　③저분　　④너희

B 日本語を参考に，（　）に当てはまる単語を入れて，文を完成させよう．

1. <u>それ</u>，どこで売ってますか？
   （　　　）어디에서 팔아요?

2. 学校は<u>あっちの方</u>にあります．
   학교는 （　　　）에 있어요.

3. <u>その方</u>がキム・チウン先生でいらっしゃいますか？
   （　　　）이 김지은 선생님이세요?

4. <u>いつ</u>来ましたか？
   （　　　）왔어요?

5. ここは<u>どこ</u>ですか？
   여기가 （　　　）예요?

C 韓国語で書いてみよう．

1. ここが私たちの学校です．　➡
2. 私の名前はワンダンです．　➡
3. あそこが図書館ですか？　➡
4. いつ会いましたか？　➡

005　学びに関わることば（1）

학교	〔學校〕	名	学校	**
공부	〔工夫〕	名	勉強	**
수업	〔授業〕	名	授業	**
시험	〔試驗〕	名	試験	**
대학교	〔大學校〕	名	大学，総合大学	**
대학	〔大學〕	名	大学，（総合大学の）学部	**
숙제	〔宿題〕	名	宿題	**
도서관	〔圖書館〕	名	図書館	**
입학	〔入學〕	名	入学	*
유학	〔留學〕	名	留学	*
졸업	〔卒業〕	名	卒業	*
선생님	〔先生-〕	名	先生	**
학생	〔學生〕	名	学生，生徒	**
대학생	〔大學生〕	名	大学生	**
교수	〔教授〕	名	教授，（職業としての）大学教員	*
대학교수	〔大學教授〕	名	大学教授	(*)
교사	〔教師〕	名	教師	*
선생	〔先生〕	名	先生，〜さん	**

✓ **해요체（1）** ―日本語の「〜です」「〜ます」に当たる丁寧な文体には，柔らかい文体の「해요체」と硬い文体の「합니다체」があります．このうち해요체の表現を作るには，用言の基本形から다を取った語幹に，語尾-아요/어요をつけます．

- 사월에 **대학**에 들어가요． 4月に大学に入ります．
- 한국어 **공부**는 정말 재미있어요． 韓国語の勉強は本当に楽しいです．
- 다음 주에 **학교**에서 **시험**을 봐요． 来週，学校で試験を受けます．
- **선생님**, 저 **졸업** 후에 한국에 **유학**을 가고 싶어요．
  先生，私卒業後に韓国に留学したいです．
- 오늘은 **숙제**가 많이 나왔어요． 今日は宿題がたくさん出ました．

006 学びに関わることば (2)

□ 고등학교	〔高等學校〕	名	高校	**
□ 고교	〔高校〕	名	高校	(**)
□ 중학교	〔中學校〕	名	中学校	*
□ 초등학교	〔初等學校〕	名	小学校	*
□ 대학원	〔大學院〕	名	大学院	*
□ 기숙사	〔寄宿舍〕	名	寮, 寄宿舎	
□ 초급	〔初級〕	名	初級	*
□ 중급	〔中級〕	名	中級	*
□ 고급	〔高級〕	名	高級, 上級	*
□ 반	〔班〕	名	班, クラス	
□ 과	〔課〕	名	課	
□ 유학생	〔留學生〕	名	留学生	(*)
□ 졸업생	〔卒業生〕	名	卒業生	(*)
□ 남학생	〔男學生〕	名	男子学生	(**)
□ 여학생	〔女學生〕	名	女子学生	(**)
□ 고등학생	〔高等學生〕	名	高校生	(**)
□ 중학생	〔中學生〕	名	中学生	(*)
□ 초등학생	〔初等學生〕	名	小学生	(*)

✔ **해요体 (2)** ─좋다「良い」や있다「ある, いる」のように, 語幹が子音で終わる用言には, 語幹に-아요/어요をつければ해요体の表現が作れます. 疑問文や勧誘文も同じ語尾をつけて作りますが, イントネーションが異なります.

- 우리 **반**에는 **남학생**이 열 명, **여학생**이 열두 명 있어요.
  うちのクラスには男子学生が10人, 女子学生が12人います.

- 저는 **고등학교** 때 **기숙사**에서 살았어요.
  私は高校の時, 寮で暮らしました.

- 작년에 **대학원**에 들어갔습니다. 去年大学院に入りました.

- 제 동생은 **중학생**이에요. 私の弟は中学生です.

007 学びに関わる動詞

韓国語	漢字	品詞	意味	
배우다		動	学ぶ，習う	**
			① 배우고 ② 배우면 / 배우세요 ③ 배워요	
공부하다	〔工夫-〕	動	勉強する	**
			①공부하고 ②공부하면 / 공부하세요 ③공부해요	
가르치다		動	教える	**
			①가르치고 ②가르치면 / 가르치세요 ③가르쳐요	
알리다		動	知らせる	*
외우다		動	覚える，暗記する	*
입학하다	〔入學-〕	動	入学する	*
유학하다	〔留學-〕	動	留学する	*
졸업하다	〔卒業-〕	動	卒業する	*

✔ **「～に」に当たる助詞** ―「～に」に当たる助詞は，집에「家に」や 오후에「午後に」など場所や時を表す名詞には-에が用いられます．また学생에게「学生に〔あげる，教える，…〕」など行為の相手である人や動物には-에게〔書きことば〕，-한테〔話しことば〕が用いられます．

- 대학에서도 영어를 **배워요**．　　　大学でも英語を習います．
- 어제는 도서관에서 **공부했어요**．　　昨日は図書館で勉強しました．
- 그 유학생은 초등학생에게 한국어 초급을 **가르치고** 있어요．
  その留学生は小学生に韓国語の初級を教えています．
- 다음에 집 주소를 **알려** 주세요．　今度家の住所を知らせてください．
- 어떻게 단어를 **외워요**?　　　　　どうやって単語を覚えますか？
- 내년에 중국에 **유학할** 생각이에요．来年中国に留学するつもりです．
- 내 동생은 내년에 중학교를 **졸업합니다**．
  私の妹は来年中学校を卒業します．

確認しよう

A 示された日本語に該当する韓国語の単語を書いてみよう.

1. 先生　　　（　　　　　　　）
2. 宿題　　　（　　　　　　　）
3. 留学生　　（　　　　　　　）
4. 勉強する　（　　　　　　　）
5. 覚える　　（　　　　　　　）

B 以下の単語をグループに分けてみよう. 分けた基準も説明してみよう.

학교	입학하다	배우다
외우다	도서관	교수
졸업하다	선생님	가르치다
대학생	고등학생	공부하다

C 例にならい, 用言を活用させてみよう. 〔해요체・현재〕

例　가다 ➡ 가요

1. 알리다　➡
2. 입학하다　➡
3. 배우다　➡
4. 외우다　➡
5. 가르치다　➡
6. 유학하다　➡

D 韓国語で書いてみよう.

1. 大学で試験を受けます.　➡
2. 図書館で英語を勉強しました.　➡
3. 韓国語を習っていますか？　➡

008 位置を指し示すことば（1） 位置

□ 위	名	上，上部	**
□ 아래	名	下，下部	**
□ 밑	名	下，底	**
□ 앞	名	前，将来	**
□ 뒤	名	後ろ，あと	**
□ 왼쪽	名	左，左側	*
□ 오른쪽	名	右，右側	*
□ 앞뒤	名	前後	*
□ 안	名	（区切られた範囲の）中，内側，（時間的に）以内	**
□ 밖	名	外	**
□ 속	名	（物体などの）内部，中，中身	**
□ 가운데	名	中，真ん中	*
□ 옆	名	横，隣	**
□ 안쪽	名	内側，中の方	(**)
□ 위쪽	名	上の方	(*)
□ 아래쪽	名	下の方	(*)
□ 앞쪽	名	前の方	(*)
□ 뒤쪽	名	後ろの方	
□ 위아래	名	上下	(**)

✔ **해요体**（3）―배우다「習う」や가르치다「教える」など，用言の語幹が母音ㅗ，ㅜ，ㅣ，ㅚで終わる場合，語尾-아요／어요がつくと縮約が起こります．例：오다「来る」→ 와요，배우다「習う」→ 배<u>워</u>요，가르치다「教える」→ 가르<u>쳐</u>요，되다「なる」→ <u>돼</u>요

- 책상 **위**에 컴퓨터가 있어요. 　　机の上にコンピュータがあります.
- 지금 학교 **앞**이에요. 　　今学校の前です.
- 방 **안**에 누가 있어요? 　　部屋の中に誰がいますか？

009 位置を指し示すことば（2） ところ・方角

□ 장소	〔場所〕	名	場所	
□ 곳		名	（連体形とともに用いて）ところ	*
□ 자리		名	席，場所	**
□ 근처	〔近處〕	名	近所	*
□ 사이		名	間，（人の）仲	*
□ 사이사이		名	間々	(*)
□ 내	〔內〕	依	内	*
□ 맞은편	〔-便〕	名	向かい側	*
□ 방향	〔方向〕	名	方向	*
□ 동쪽	〔東-〕	名	東	*
□ 서쪽	〔西-〕	名	西	*
□ 남쪽	〔南-〕	名	南	*
□ 북쪽	〔北-〕	名	北	*
□ 남북	〔南北〕	名	南北	*
□ 북	〔北〕	名	北（北朝鮮を指す場合がある）	(*)
□ 남	〔南〕	名	南（韓国を指す場合がある）	(*)

✓ **해요体**（4） —가다「行く」や서다「立つ」など，用言の語幹が母音ㅏ，ㅓ，ㅕ，ㅐ，ㅔで終わる場合は，語尾-아요/어요がつくと아や어が現れません．例：가다「行く」→ 가요，서다「立つ」→ 서요，켜다「（火など）つける」→ 켜요，보내다「送る」→ 보내요，세다「数える」→ 세요

- 그 **장소**가 어디예요?　　その場所はどこですか？
- 그 옆에 **자리**가 있어요?　　その隣に席がありますか？
- 대학과 집 **사이**에 초등학교가 있습니다.
  大学と家の間に小学校があります．
- 이 **근처**에 도서관이 있어요.　この近くに図書館があります．

11

010 移動を表す動詞（1）

□ 가다	動	行く，帰る ①가고 ②가면 / 가세요 ③가요		**
□ 오다	動	来る，（雨・雪が）降る ①오고 ②오면 / 오세요 ③와요		**
□ 다니다	動	通う ①다니고 ②다니면 / 다니세요 ③다녀요		**
□ 나가다	動	出かける，出ていく ①나가고 ②나가면 / 나가세요 ③나가요		**
□ 나오다	動	出てくる ①나오고 ②나오면 / 나오세요 ③나와요		**
□ 내리다	動	降りる，降ろす ①내리고 ②내리면 / 내리세요 ③내려요		**
□ 걸리다	動	かかる，引っかかる ①걸리고 ②걸리면 / 걸리세요 ③걸려요		**
□ 지나다	動	過ぎる ①지나고 ②지나면 / 지나세요 ③지나요		**
□ 나다	動	出る ①나고 ②나면 / 나세요 ③나요		**
□ 들다	動	入る		*
□ 들어가다	動	入っていく，入る		*
□ 들어오다	動	入ってくる，入る		*
□ 떠나다	動	出発する，去る		*

- 지금 학교에 **가요**.　　　　　　今学校に行きます．
- 오후에 친구가 **와요**. 　　　　　午後に友だちが来ます．
- 저는 이 근처 학교에 **다녔어요**. 　私はこの近くの学校に通いました．
- 명동역에서 **내리세요**. 　　　　 明洞駅で降りてください．
- 일주일 정도 **걸려요**. 　　　　　一週間くらいかかります．

確認しよう

A 示された日本語に該当する韓国語の単語を書いてみよう.

1. 左, 左側　　　（　　　　　　）
2. 東　　　　　　（　　　　　　）
3. 向かい側　　　（　　　　　　）
4. 来る　　　　　（　　　　　　）
5. 出かける　　　（　　　　　　）

B 日本語を参考に, （　）に当てはまる単語を入れて, 文を完成させよう.

1. 学校の<u>向かい</u>にあります.
   학교 (　　　　)에 있어요.

2. <u>後ろの方</u>から来ます.
   (　　　　)에서 와요.

3. 午後に小学校に<u>行きます</u>.
   오후에 초등학교에 (　　　　).

C 例にならい, 用言を活用させてみよう. 〔해요체・현재〕

   例　가다 ➡ 가요

1. 나오다 ➡　　　　　　4. 들다　　➡
2. 지나다 ➡　　　　　　5. 들어오다 ➡
3. 걸리다 ➡　　　　　　6. 다니다 ➡

D 韓国語で書いてみよう.

1. 午後に学校に来ます.　　➡
2. 席がありません.　　　　➡
3. 大学の近くに図書館がありますか？　➡

011 数詞(1) 漢数詞

□ 일	〔一〕	数冠	一	**
□ 이	〔二〕	数冠	二	**
□ 삼	〔三〕	数冠	三	**
□ 사	〔四〕	数冠	四	**
□ 오	〔五〕	数冠	五	**
□ 육	〔六〕	数冠	六	**
□ 칠	〔七〕	数冠	七	**
□ 팔	〔八〕	数冠	八	**
□ 구	〔九〕	数冠	九	**
□ 십	〔十〕	数冠	十	**
□ 백	〔百〕	数冠	百	**
□ 천	〔千〕	数冠	千	**
□ 만	〔萬〕	数冠	万	**
□ 영	〔零〕	名	ゼロ	*
□ 공	〔空〕	名	(電話番号などで)ゼロ	**
□ 수백	〔數百〕	数冠	数百	(*)
□ 수천	〔數千〕	数冠	数千	(*)
□ 수만	〔數萬〕	数冠	数万	(*)

✔ **해요体** (5) ―하다「する」の活用はやや例外的で,語尾-아요/어요がつくと해요という形になります.입학<u>하다</u>「入学する」や건강<u>하다</u>「健康だ」など,하다で終わる動詞や形容詞も同じ活用をします.例:입학하다「入学する」→ 입학<u>해요</u>,건강하다「健康だ」→ 건강<u>해요</u>

- 모두 **삼만 구천** 원입니다. 　　　全部で3万9千ウォンです.
- 전화번호가 어떻게 돼요? 　　　電話番号は何番ですか?
  ― **공일공**의 **육이삼팔**의 **칠오구이**예요.
  　　　　　　　　　　　　　　　― 010-6238-7592です.
- 이건 **만** 원이에요. 　　　これは1万ウォンです.
- **수백** 명의 학생이 모였습니다. 　　　数百名の学生が集まりました.

012 数詞（2） 固有数詞 その1

□ 하나	数 名	ひとつ		**
□ 둘	数	ふたつ		**
□ 셋	数	みっつ		**
□ 넷	数	よっつ		**
□ 다섯	数 冠	いつつ		**
□ 여섯	数 冠	むっつ		**
□ 일곱	数 冠	ななつ		**
□ 여덟	数 冠	やっつ		**
□ 아홉	数 冠	ここのつ		**
□ 열	数 冠	とお		**
□ 한	冠	ひとつの…		**
□ 두	冠	ふたつの…		**
□ 세	冠	みっつの…		**
□ 네	冠	よっつの…		**
□ 석	冠	みっつの…（ㄴ・ㄷ・ㅅ・ㅈで始まる名詞の前で）		*
□ 넉	冠	よっつの…（ㄴ・ㄷ・ㅅ・ㅈで始まる名詞の前で）		
□ 몇	数 冠	いくつの，何〜		**

✔ **합니다体** ―改まった丁寧な文体の「〜です・〜ます」に当たる言い方を합니다体といいます．平叙文を作る語尾に，母音語幹・ㄹ語幹の用言につける-ㅂ니다と，子音語幹の用言につける-습니다があります．疑問文では同じく-ㅂ니까？・-습니까？をつけます．ㄹ語幹の用言では，語幹のㄹが脱落します．

- 이거 **하나** 주세요． これ一つください．
- 저는 **열아홉** 살이고 동생은 **열다섯** 살이에요．
  私は19歳で，妹は15歳です．
- **몇** 개 필요하세요？ 何個必要でいらっしゃいますか？
  ── **두** 개 필요합니다． ── 2個必要です．
- 오늘 **네** 명이 안 왔어요． 今日4人が来ていません．
- **세** 달 정도 걸릴 거예요． 3ヶ月くらいかかるでしょう．

013 時を表すことば（1） 時

□ 때		名	時	*
□ 시간	〔時間〕	名 依	時間，〜時間	**
□ 시	〔時〕	名 依	〜時	**
□ 분	〔分〕	依	〜分	**
□ 초	〔秒〕	依	〜秒	*
□ 오전	〔午前〕	名	午前	**
□ 오후	〔午後〕	名	午後	**
□ 아침		名	朝，朝食	**
□ 점심	〔點心〕	名	昼，昼食	*
□ 저녁		名	夕方，夜，晩，夕食	**
□ 낮		名	昼，昼間	**
□ 밤		名	夜，晩	**
□ 점심시간	〔點心時間〕	名	昼食時間，昼休み	(*)
□ 점심때	〔點心-〕	名	昼食時，昼頃	(*)
□ 저녁때		名	夕食時，夕方	(*)
□ 지금	〔只今〕	名 副	今	**
□ 이제		名 副	今，今や，もう	*
□ 요즈음		名	最近	(*)
□ 요즘		名	最近（요즈음の縮約形）	*
□ 옛날		名	昔	*

✔ **時間の言い方** ─ 年月日，時間を言う際には基本的に漢数詞が用いられますが，시「〜時」，시간「〜時間」の場合は固有数詞を使います．例：이천십이 년 십이월 십이 일 <u>열두</u> 시 십이 분 십이 초「2012年12月12日 12時12分12秒」，<u>세</u> 시간「3時間」

- 고등학교 **때** 중국어를 배웠어요. 　　高校の時に中国語を習いました．
- **지금 시간**이 없어요. 　　今時間がありません．
- 열 **시** 십 **분**까지 오세요. 　　10時10分までに来てください．
- **오후**에 비가 올 거예요. 　　午後に雨が降るでしょう．
- **아침**에 빵을 먹었어요. 　　朝パンを食べました．

確認しよう

A それぞれの数字を，小さいものから大きいものへ順に並べ替えてみよう．

1. ①팔　　②육　　③십　　④삼
2. ①둘　　②넷　　③하나　　④다섯
3. ①사백　　②삼십　　③백삼　　④삼천

B 以下の時計を見て，時間を韓国語で言ってみよう．

1.
   4:50

2.
   6:15

3.
   11:30

C 日本語を参考に，（ ）に当てはまる単語を入れて，文を完成させよう．

1. <u>午前</u>には約束がありません．
   (　　　　)에는 약속이 없어요．

2. 今<u>12時25分</u>です．
   지금 (　　　　) 시 이십오 분이에요．

3. <u>夕方</u>に時間ありますか？
   (　　　　)에 시간 있어요?

D 韓国語で書いてみよう．

1. 3時間かかります．　　➡
2. 夜10時に行きます．　　➡
3. 2個ください．　　➡

014　時を表すことば（2）　日

□ 날		名 依	日	*
□ 일		名 依	（漢数詞とともに）〜日	**
□ 오늘		名 副	今日	**
□ 내일	〔來日〕	名 副	明日	**
□ 모레		名 副	あさって	**
□ 어제		名 副	昨日	**
□ 어저께		名 副	昨日	*
□ 그제		名 副	おととい	*
□ 그저께		名 副	おととい	*
□ 다음 날		表	翌日，次の日	*
□ 어젯밤		名	昨夜，昨晩	**
□ 매일	〔毎日〕	名 副	毎日	**
□ 하루		名	一日（間）	*
□ 이틀		名	二日（間）	*
□ 하룻밤		名	ひと晩	*
□ 날짜		名	日付，日取り	*
□ 며칠		名	何日，何日か	*

✓ 〈過去〉の表現 ──用言の語幹と語尾との間に接尾辞-았/었-を入れて，〈過去〉の表現を作ることができます．-았/었-のつけ方は해요体を作る語尾-아요/어요と同じで，縮約も同じように起こります．なお，-았/었-の後ろには-아요/어요のうち-어요しかつきません．例：받다「受け取る」→ 받았어요，나오다「出てくる」→ 나왔어요，가다「行く」→ 갔어요

- **오늘**부터 삼십 **일**까지 쉽니다．　今日から30日まで休みます．
- **내일** 친구를 만날 거예요．　明日友だちに会うつもりです．
- **모레**는 금요일입니다．　あさっては金曜日です．
- **매일** 아침에 운동을 해요．　毎朝（毎日朝に）運動をします．
- **하루**에 두 번 약을 먹습니다．　一日に二回，薬を飲みます．

015 時を表すことば（3） 週

☐ 요일	〔曜日〕	名	曜日		**
☐ 일요일	〔日曜日〕	名	日曜日		**
☐ 월요일	〔月曜日〕	名	月曜日		**
☐ 화요일	〔火曜日〕	名	火曜日		**
☐ 수요일	〔水曜日〕	名	水曜日		**
☐ 목요일	〔木曜日〕	名	木曜日		**
☐ 금요일	〔金曜日〕	名	金曜日		**
☐ 토요일	〔土曜日〕	名	土曜日		**
☐ 주	〔週〕	名 依	～週		**
☐ 주일	〔週日〕	名 依	～週間		**
☐ 일주일	〔一週日〕	名	一週間		(**)
☐ 주말	〔週末〕	名	週末		**
☐ 이번 주	〔-番 週〕	表	今週		**
☐ 다음 주	〔- 週〕	表	来週，翌週		**
☐ 지난주	〔- 週〕	名	先週		**
☐ 매주	〔毎週〕	名 副	毎週		(*)

- 오늘이 무슨 **요일**이에요?　　　　今日は何曜日ですか？

  ― **월요일**이에요.　　　　　　　月曜日です.
- **이번 주 금요일**이 제 생일이에요.　今週の金曜日が私の誕生日です.
- **매주 토요일** 저녁에 모임이 있어요.
  　　　　　　　　　　　　　　　毎週土曜日の夕方に集まりがあります.
- 학교를 졸업하고 **일주일**이 지났어요.
  　　　　　　　　　　　　　　　学校を卒業して一週間が経ちました.
- **주말**에 뭐 했어요?　　　　　　週末に何しましたか？
- **다음 주**에 시험이 있습니다.　　来週試験があります.

016　時を表すことば（4）　月

韓国語	〔漢字〕	品詞	日本語	頻度
월	〔月〕	名 依	月	(*)
일월	〔一月〕	名	一月	**
이월	〔二月〕	名	二月	**
삼월	〔三月〕	名	三月	**
사월	〔四月〕	名	四月	**
오월	〔五月〕	名	五月	**
유월	〔六月〕	名	六月	**
칠월	〔七月〕	名	七月	**
팔월	〔八月〕	名	八月	**
구월	〔九月〕	名	九月	**
시월	〔十月〕	名	十月	**
십일월	〔十一月〕	名	十一月	**
십이월	〔十二月〕	名	十二月	**
몇 월	〔-月〕	表	何月	*
이번 달	〔-番-〕	表	今月	**
이달		名	今月	*
다음 달		表	来月，翌月	**
지난달		名	先月	**
매달	〔毎-〕	名 副	毎月	(*)
월말	〔月末〕	名	月末	(*)
개월	〔個月〕	依	（漢数詞とともに）～ヶ月	

- 한국에서는 **삼월**에 학기가 시작됩니다.
  韓国では3月に学期が始まります.
- 오늘이 **몇 월** 며칠입니까?　今日は何月何日ですか？
- **다음 달**부터 중국어를 배울 생각이에요.
  来月から中国語を習うつもりです.
- 삼 **개월** 정도 걸릴 거예요.　3ヶ月くらいかかるでしょう.

確認しよう

A 以下の単語をグループに分けてみよう．分けた基準も説明してみよう．

목요일	팔월	모레
그저께	토요일	구월
시월	화요일	오늘
내일	칠월	월요일

B 日本語を参考に，(　)に当てはまる単語を入れて，文を完成させよう．

1. 何月<u>何日</u>ですか？
   몇 월 (　　　　)입니까?

2. 明日は<u>金曜日</u>です．
   내일은 (　　　　)이에요．

3. <u>来月</u>に試験があります．
   (　　　　) (　　　　)에 시험이 있어요．

C 示された日本語に該当する韓国語の単語を書いてみよう．

1. 毎日　　(　　　　　　)
2. 一週間　(　　　　　　)
3. 6月　　 (　　　　　　)
4. 週末　　(　　　　　　)

D 韓国語で書いてみよう．

1. 私の誕生日は12月21日です．　➡
2. 15日に友だちに会うつもりです．➡
3. 昨日何しましたか？　　　　　➡

> まとめ ①   発音編・その1

■ 終声の発音

　音節末の子音である終声は，7種類あります．終声を表す字母は「パッチム（받침）」とも呼ばれます．

種別	終声	終声を表す字母
口音	[ᵖ]	ㅂ ㅍ
	[ᵗ]	ㄷ ㅌ ㅅ ㅆ ㅈ ㅊ ㅎ
	[ᵏ]	ㄱ ㅋ ㄲ

種別	終声	終声を表す字母
鼻音	[m]	ㅁ
	[n]	ㄴ
	[ŋ]	ㅇ
流音	[l]	ㄹ

> 앞 [압] 「前」　이것 [이걷] 「これ」　낮 [낟] 「昼」　부엌 [부억] 「台所」

　異なる二つの字母からなるパッチムは，通常どちらか一方を発音します．左側の字母を発音するものにㄳ・ㄵ・ㄶ・ㄼ・ㄾ・ㅄなどが，右側の字母を発音するものにㄺ・ㄿなどがあります．

> 여덟 [여덜] 「八つ」　값도 [갑또] 「値段も」　닭 [닥] 「鶏」

　ただし，これらの字母に母音が続くと，右側の文字だけ連音化が起こり，どちらの字母も発音されます．

> 앉아요 [안자요] 「座ります」　닭이 [달기] 「鶏が」

■ 発音の変化

①濃音化

　口音の終声[ᵖ][ᵗ][ᵏ]に続く平音は，全て濃音で発音されます．

> 옆방 [엽빵] 「隣の部屋」　몇 개 [멷깨] 「何個」　학생 [학쌩] 「学生」

②**鼻音化**

　口音の終声[ᵖ][ᵗ][ᵏ]に鼻音ㄴ・ㅁが続くと，その終声は口の形・舌の形が同じ鼻音の終声[m][n][ŋ]に変わります。口音と鼻音の終声は以下のように対応しています。

口音	ㅂㅍ	[ᵖ]	→	[m]	ㅁ	鼻音
	ㄷㅌㅅㅆㅈㅊㅎ	[ᵗ]	→	[n]	ㄴ	
	ㄱㅋㄲ	[ᵏ]	→	[ŋ]	ㅇ	

수업만 [수엄만]「授業だけ」　옛날 [옌날]「昔」　학년 [항년]「学年」

③**激音化**

　口音の終声[ᵖ][ᵗ][ᵏ]にㅎが続くと，合わさってそれぞれ激音の[pʰ][tʰ][kʰ]で発音されます。また，パッチムのㅎ・ㄶ・ㅀにㄷ・ㅅ・ㄱが続く場合にも，激音化が起こります。

입학 [이팍]「入学」　못해요 [모태요]「できません」
축하 [추카]「お祝い」
좋다 [조타]「良い」　많지요 [만치요]「多いでしょう？」
싫고 [실코]「いやで」

★ 発音の変化に気をつけて，発音してみよう．

저는 대학교 이 학년입니다．

아직 밥을 못 먹었습니다．

저녁에 닭한마리를 먹으려고 합니다．

017 時を表すことば (5) 季節など

韓国語	漢字	品詞	日本語	頻度
계절	〔季節〕	名	季節	
봄		名	春	**
여름		名	夏	**
가을		名	秋	**
겨울		名	冬	**
학기	〔學期〕	名	学期	*
방학	〔放學〕	名	(学校の長期の) 休み	*
봄 방학	〔-放學〕	名	春休み	(*)
여름 방학	〔-放學〕	名	夏休み	(*)
겨울 방학	〔-放學〕	名	冬休み	(*)
생일	〔生日〕	名	誕生日	**
휴가	〔休暇〕	名	休暇	*
휴일	〔休日〕	名	休日	
공휴일	〔公休日〕	名	祝日, 定休日	
어린이날		名	こどもの日	(*)
크리스마스		名	クリスマス	
오래간만		名	久しぶり	*
오랜만		名	久しぶり (오래간만の縮約形)	(*)
동안		名	間, 期間	
처음		名	初めて	**

- **방학**이 언제까지예요? (学校の) 休みはいつまでですか？
- 다음 **휴가** 때에는 해외에 나갈 생각이에요.
  今度の休暇の時には海外に出るつもりです.
- 윤희 씨 **생일**이 언제예요? ユニさんの誕生日はいつですか？
- 한글날이 다시 **공휴일**이 됐습니다.
  ハングルの日がまた休日になりました.
- 일주일 **동안** 시험 준비를 열심히 했어요.
  一週間の間, 試験の準備を一生懸命しました.

018 時を表すことば（6）　その他

년	〔年〕	依	（漢数詞とともに）～年	**
해		依	（固有名詞とともに）～年	*
올해		名	今年	**
내년	〔來年〕	名	来年	**
작년	〔昨年〕	名	昨年	**
다음 해		表	来年，翌年	*
지난해		名	昨年	*
매년	〔毎年〕	名 副	毎年	(*)
연말	〔年末〕	名	年末	(*)
반년	〔半年〕	名	半年	*
새해		名	新年	*
달력	〔-暦〕	名	カレンダー	*
매번	〔毎番〕	名 副	毎回	(*)

✔「～から」と「～まで」—「～から」に当たる助詞は二つあり，順序や時間の起点を表す場合は-부터を，場所の出発点を表す場合は-에서を用います．「～まで」に当たる助詞は，いずれの場合も-까지を用います．例：세 시<u>부터</u> 네 시<u>까지</u>「3時から4時まで」，집<u>에서</u> 학교<u>까지</u>「家から学校まで」

- **내년**에 우리 아이가 중학교에 들어가요.
　　　　　　　　　　　　来年うちの子が中学校に入ります.

- **작년** 오월에 유학을 마치고 돌아왔어요.
　　　　　　　　　　　昨年の5月に留学を終えて帰ってきました.

- **새해** 복 많이 받으세요.　よいお年をお過ごしください
　　　　　　　　　　　（新年に福をたくさん受け取ってください）.

- 2019년 행복한 한 **해** 보내세요.
　　　　　　　　　　　2019年，幸せな一年をお送りください.

- 그 **다음 해**에 아이가 태어났어요. その翌年に子どもが生まれました.

019 生活に関わる動詞（1）

□ 태어나다	動	生まれる	
□ 자라다	動	育つ	*
□ 살다	動	住む，生きる，暮らす	**

① 살고 ② 살면 / 사세요 ③ 살아요

□ 생활하다 〔生活-〕	動	生活する	*
□ 먹다	動	食べる	**

①먹고 ②먹으면 /(먹으세요 → 드세요) ③먹어요

□ 마시다	動	飲む	**

①마시고 ②마시면 /(마시세요 → 드세요) ③마셔요

□ 피우다	動	吸う，咲かせる	*
□ 식사하다 〔食事-〕	動	食事をする	**

①식사하고 ②식사하면 / 식사하세요 ③식사해요

□ 잡수시다	動	召し上がる	*
□ 요리하다 〔料理-〕	動	料理する	**

①요리하고 ②요리하면 / 요리하세요 ③요리해요

□ 결혼하다 〔結婚-〕	動	結婚する	**

①결혼하고 ②결혼하면 / 결혼하세요 ③결혼해요

□ 다치다	動	怪我をする	*
□ 낫다	動	治る〈ㅅ変〉	*
□ 늙다	動	老いる	
□ 병들다 〔病-〕	動	病気になる	(*)
□ 죽다	動	死ぬ	*

- 작년 여름에 **결혼했습니다**.　　去年の夏に結婚しました．
- 이십 년 동안 이 집에서 **살았어요**．20年間，この家で暮らしました．
- 오랜만에 친구하고 같이 밥도 **먹고**, 술도 **마셨어요**．

　　　　　　　　久しぶりに友人と一緒にご飯も食べて，お酒も飲みました．

- 여기서 담배를 **피우면** 안 됩니다．ここでタバコを吸ってはいけません．
- 다음 주에 같이 **식사해요**．　　来週一緒に食事しましょう．

確認しよう

A 示された日本語に該当する韓国語の単語を書いてみよう．

1. 生活する　　（　　　　　　　）
2. 学期　　　　（　　　　　　　）
3. 夏　　　　　（　　　　　　　）
4. 初めて　　　（　　　　　　　）
5. カレンダー　（　　　　　　　）

B 日本語を参考に，（　）に当てはまる単語を入れて，文を完成させよう．

1. <u>毎年</u>7月に休暇をもらいます．
   （　　　　　）칠월에 휴가를 받습니다．

2. <u>今年</u>の休みにソウルに行きます．
   （　　　　　）방학 때 서울에 가요．

3. <u>来年</u>まで海外にいます．
   （　　　　　）까지 해외에 있어요．

C 例にならい，用言を活用させてみよう．〔해요체・現在〕

例　가다 ➡ 가요

1. 살다 ➡
2. 다치다 ➡
3. 늙다 ➡
4. 먹다 ➡
5. 식사하다 ➡
6. 마시다 ➡

D 韓国語で書いてみよう．

1. 来年に結婚します．　　　　　➡
2. 30年間，ここで暮らしました．➡
3. 先週に友だちと食事しました．➡

020 数詞（3） 固有数詞その2

- □ 스물　　　　　数　20　　　　　　　**
- □ 스무　　　　　冠　20の　　　　　　**
- □ 서른　　　　　数冠　30, 30の　　　*
- □ 마흔　　　　　数冠　40, 40の　　　*
- □ 쉰　　　　　　数冠　50, 50の　　　*
- □ 예순　　　　　数冠　60, 60の　　　*
- □ 일흔　　　　　数冠　70, 70の　　　*
- □ 여든　　　　　数冠　80, 80の　　　*
- □ 아흔　　　　　数冠　90, 90の　　　*

021 数量に関わることば（1） 固有数詞とともに使うもの

- □ 나이　　　　　　　　　名　年齢, 歳　　　　　　　　　**
- □ 연세　〔年歳〕　　　　名　お歳（나이の敬語形）　　　*
- □ 명　　〔名〕　　　　　依　～名, ～人　　　　　　　　**
- □ 살　　　　　　　　　　依　～歳　　　　　　　　　　　**
- □ 개　　〔個/箇/介〕　　依　～個　　　　　　　　　　　**
- □ 달　　　　　　　　　　依　～ヶ月　　　　　　　　　　**
- □ 마리　　　　　　　　　依　～匹, ～頭, ～羽　　　　　**
- □ 번　　〔番〕　　　　　依　～番, ～回　　　　　　　　**

- **나이**가 어떻게 돼요?　　　何歳ですか？
  — **스물**한 **살**이에요.　　— 21歳です.
- 할아버지 **연세**가 어떻게 되세요?
  　　　　　　　　　　　　おじいさんのお歳はおいくつですか？
  — 올해 **일흔**아홉 **살**이 되세요.　— 今年79歳になられます.
- 우리 반에는 학생 **스무 명**이 있습니다.
  　　　　　　　　　　　　うちのクラスには学生20人がいます.
- 비빔밥 두 **개** 주세요.　ビビンバ二つください.
- 육 **번** 버튼을 세 **번** 누르세요.　6番のボタンを3回押してください.

28

022 数詞（4） 数と関連する語

□ 여러 가지		表	さまざまな	*
□ 숫자	〔數字〕	名	数字	**
□ 수	〔數〕	名	数	*
□ 반	〔半〕	名	半分	**
□ 혼자		名 副	ひとり，ひとりで	*
□ 혼자서		表	ひとりで	
□ 모두		名 副	すべて，全部で	**
□ 정도	〔程度〕	名	程度	*
□ 번호	〔番號〕	名	番号	*
□ 횟수	〔回數〕	名	回数	*

023 数量に関わることば（2） 漢数詞とともに使うもの

□ 학년	〔學年〕	名	学年	*
□ 회	〔回〕	依	〜回	*
□ 층	〔層〕	名	層，階	**
□ 세	〔歲〕	依	〜歳	*
□ 호	〔號〕	依	〜号	*
□ 인	〔人〕	名	人	*

- 삼 **학년** 학생이 **모두** 오백사십 명 있어요．
  3年生（3学年の学生）が全部で540人います．
- **반**은 오십 **세 정도**의 남성입니다．
  半分は50歳くらいの男性です．
- 오 **층**까지 **혼자** 올라왔어요． 5階までひとりで上がってきました．
- 방 **번호**는 사백삼 **호**예요． 部屋の番号は403号です．
- **여러 가지 숫자**가 있지만 하나만 고르세요．
  いくつか数字がありますが，一つだけ選んでください．

29

024 生活に関わる動詞（2）

□	일어나다	動	起きる，生じる	**
			①일어나고 ②일어나면 / 일어나세요 ③일어나요	
□	자다	動	寝る	**
			①자고 ②자면 / (자세요→주무세요) ③자요	
□	깨다	動	覚める	*
□	잠자다	動	眠る	(*)
□	잠들다	動	寝入る	(*)
□	주무시다	動	お休みになる（자다の尊敬語）	*
□	일하다	動	働く	**
			①일하고 ②일하면 / 일하세요 ③일해요	
□	지각하다 〔遅刻-〕	動	遅刻する	*
□	지내다	動	過ごす	*
□	쉬다	動	休む	*
□	청소하다 〔清掃-〕	動	掃除する	
□	목욕하다 〔沐浴-〕	動	入浴する	*
□	세수하다 〔洗手-〕	動	顔を洗う	*
□	씻다	動	洗う	
□	닦다	動	磨く，拭く	
□	감다	動	（髪を）洗う	*
□	쇼핑하다	動	ショッピングする	*

- 저는 매일 여섯 시에 **일어나고** 열한 시에 **자요**.
  私は毎日6時に起きて，11時に寝ます.

- 오늘은 아침 일찍 **깼어요**.　今日は朝早く目が覚めました.

- 토요일에도 회사에 나가서 **일하세요**?
  土曜日も会社に出て仕事なさるんですか？

- 보통 주말에는 집에서 **쉬어요**.　ふつう週末は家で休みます.

- 저는 아침에 **세수하고** 머리도 **감아요**.
  私は朝顔を洗って，髪も洗います.

- 그럼 안녕히 **주무세요**.　　ではおやすみなさい.

確認しよう

A それぞれの数字を，小さいものから大きいものへ順に並べ替えてみよう．

1. ①스물　　②마흔　　③서른　　④열
2. ①아흔　　②쉰　　　③여든　　④일흔

B 日本語を参考に，（　）に当てはまる単語を入れて，文を完成させよう．

1. ご飯を<u>ひとりで</u>食べました．
   밥을 （　　　　）먹었어요．

2. <u>歳は20歳</u>です．
   나이는 （　　　　）살이에요．

3. <u>お歳</u>はおいくつでいらっしゃいますか？
   （　　　　）가 어떻게 되세요？

C 例にならい，用言を活用させてみよう．〔해요체・過去〕

　　例　가다 ➡ 갔어요

1. 씻다　　➡　　　　　　4. 일하다 ➡
2. 청소하다 ➡　　　　　　5. 자다　 ➡
3. 쉬다　　➡　　　　　　6. 감다　 ➡

D 韓国語で書いてみよう．

1. 朝に顔を洗いました．　　➡
2. 一日に1回髪を洗いますか？ ➡
3. 10個あります．　　　　　➡
4. 部屋は5階にあります．　 ➡

025 家族に関わることば (1) 父母・夫婦

□ 가족	〔家族〕	名 家族	**
□ 아버지		名 父	**
□ 어머니		名 母	**
□ 할아버지		名 祖父	**
□ 할머니		名 祖母	**
□ 부모	〔父母〕	名 父母	*
□ 부모님	〔父母-〕	名 ご両親(父母の尊敬語)	*
□ 부부	〔夫婦〕	名 夫婦	*
□ 남편	〔男便〕	名 夫	**
□ 아내		名 妻	**
□ 부인	〔夫人〕	名 夫人,奥様	*
□ 아이		名 子ども	**
□ 애		名 子ども(아이の縮約形)	(**)
□ 아들		名 息子	**
□ 딸		名 娘	**
□ 아버님		名 お父様(아버지の尊敬語)	*
□ 어머님		名 お母様(어머니の尊敬語)	*
□ 아빠		名 パパ,お父さん	*
□ 엄마		名 ママ,お母さん	*

- **가족**이 어떻게 되세요?
  何人家族ですか(家族がどうなっていらっしゃいますか)?

— **아버지**와 **어머니**, 그리고 **할머니**가 계십니다.
  — 父と母, そして祖母がいらっしゃいます.

- **부모님**하고 같이 살아요?　ご両親と一緒に暮らしていますか?
- 제 **아내**는 초등학교 교사예요. 私の妻は小学校の教員です.
- **아버님**은 뭘 하세요?
  お父様は何をなさっていますか(何のお仕事をしてらっしゃいますか)?
- 우리 **엄마**는 회사에서 일해요. うちのお母さんは会社で働いています.

026 家族に関わることば（2） 兄弟姉妹・老若男女など

	형제	〔兄弟〕	名	兄弟	*
□	형	〔兄〕	名	（弟から見た）兄	**
□	오빠		名	（妹から見た）兄	**
□	누나		名	（弟から見た）姉	**
□	언니		名	（妹から見た）姉	**
□	동생	〔同生〕	名	弟，妹	**
□	남동생	〔男同生〕	名	弟	(**)
□	여동생	〔女同生〕	名	妹	(**)
□	남녀	〔男女〕	名	男女	
□	남자	〔男子〕	名	男	**
□	여자	〔女子〕	名	女	
□	남성	〔男性〕	名	男性	*
□	여성	〔女性〕	名	女性	*
□	남-	〔男〕	接頭	男〜，男子〜	**
□	여-	〔女〕	接頭	女〜，女子〜	**
□	어른		名	大人	*
□	어린이		名	子ども，児童	*
□	남자아이	〔男子-〕	名	男の子	(**)
□	여자아이	〔女子-〕	名	女の子	(**)

- **형제**가 어떻게 돼요? 何人兄弟ですか（兄弟がどうなっていますか）?
  —— **오빠**하고 **여동생**이 있어요. —— 兄と妹がいます.
- **어린이** 요금은 육백 원입니다. 子ども料金は600ウォンです.
- 지금 **남자** 화장실은 청소하고 있어요.

  今男子トイレは掃除しています.
- 아까 그 **여자** 분은 누구세요? さっきのあの女性の方はどなたですか?
- **누나**가 아이스크림을 사 줬어요. 姉がアイスを買ってくれました.
- **남**학생 두 명하고 **여**학생 세 명이 남았습니다.

  男子学生二人と女子学生三人が残りました.

027　人の動作を表す動詞（1）

□ 하다	動	する，(…と) 言う		**
		① 하고 ② 하면 / 하세요 ③ 해요		
□ 되다	動	なる，できる，よい		*
□ 잘되다	動	うまくいく		**
		① 잘되고 ② 잘되면 / 잘되세요 ③ 잘돼요		
□ 안되다	動	うまくいかない		**
		① 안되고 ② 안되면 / 안되세요 ③ 안돼요		
□ 웃다	動	笑う		**
		① 웃고 ② 웃으면 / 웃으세요 ③ 웃어요		
□ 울다	動	泣く，鳴く		**
		① 울고 ② 울면 / 우세요 ③ 울어요		
□ 이기다	動	勝つ		*
□ 지다	動	負ける		*
□ 노래하다	動	歌う		**
		①노래하고 ②노래하면 / 노래하세요 ③노래해요		
□ 같이하다	動	共にする，等しくする	(**)	
		①같이하고 ②같이하면 / 같이하세요 ③같이해요		
□ 함께하다	動	共にする，等しくする	(*)	
□ 놀다	動	遊ぶ		**
		① 놀고 ② 놀면 / 노세요 ③ 놀아요		
□ 잘하다	動	うまくする（→ 上手だ）		**
		① 잘하고② 잘하면 / 잘하세요 ③ 잘해요		

- 형은 한국어를 정말 **잘해요**.
  兄は韓国語が本当に上手です（韓国語を本当にうまくします）.
- 영화를 보고 많이 **웃었어요**.　　映画を見てたくさん笑いました.
- 지난번에는 **졌지만** 다음 경기에서는 우리가 **이길** 거예요.
  この前は負けましたが，次の競技では僕らが勝つつもりです.
- 오늘은 공부가 **잘되네요**.　　今日は勉強がうまくいきますねえ.

確認しよう

A 以下の単語をグループに分けてみよう．分けた基準も説明してみよう．

어머니　　　　　어른　　　　　　아이
누나　　　　　　형　　　　　　　할아버지
남동생　　　　　아버지　　　　　딸
남편　　　　　　여동생　　　　　아내

B 例を参考に，自分の家族について答えてみよう．

Q. 가족이 어떻게 되세요?
A. 例 부모님하고 형, 그리고 누나가 있어요.

➡

C 例にならい，用言を活用させてみよう．〔합니다体・過去〕

例 가다 ➡ 갔습니다

1. 울다　➡　　　　　4. 하다　➡
2. 잘하다　➡　　　　5. 놀다　➡
3. 안되다　➡　　　　6. 이기다　➡

D 韓国語で書いてみよう．

1. 映画を見てたくさん泣きました．　➡
2. この前の競技で弟が負けました．　➡
3. 姉と一緒に出かけました．　➡
4. 息子が一人います．　➡

028　冠形詞

□ 이		冠　この	**
□ 그		冠　その，あの	**
□ 저		冠　あの	**
□ 어느		冠　どの	**
□ 이런		冠　こんな	*
□ 그런		冠　そんな，あんな	*
□ 저런		冠　あんな	*
□ 어떤		冠　どんな	**
□ 여러		冠　数々の，さまざまな，いろいろの	*
□ 모든		冠　全ての，あらゆる	*
□ 무슨		冠　何の，何かの	**
□ 새		冠　新しい，新たな	*
□ 약	〔約〕	冠　約	*

✔ **冠形詞とは**　—冠形詞とは，名詞の前に置かれ，その名詞を修飾する働きをする語です．固有数詞のうち，名詞の前で用いられる한「一つの」なども冠形詞です．単独では用いられませんが，後ろの名詞とは離して書きます．例：새⌴학교「新しい学校」

- **이** 사전은 지훈 씨 거예요．　　この辞書はチフンさんのです．
- **그** 옷 어디서 샀어요？　　　　その服，どこで買いましたか？
- **저** 사람 **어느** 나라 사람이에요？　あの人どこの国の人ですか？
- **이런** 경우에는 어떻게 말해요？　こんな場合にはどう言いますか？
- **여러** 사람이 교실에 모였어요．
　　　　　　　　　　いろいろな人（大勢）が教室に集まりました．
- **모든** 사람이 **약** 삼십 초 동안 눈을 감았습니다．
　　　　　　　　　　全ての人が約30秒の間，目を閉じました．
- 그게 **무슨** 뜻이에요？　　　　それはどんな意味（何の意味）ですか？

029 感嘆詞

□ 네	感	はい	**
□ 예	感	（改まった場面で）はい	**
□ 아뇨	感	いいえ（아니요の縮約形）	**
□ 아니요	感	いいえ	**
□ 아니	感	（目下に対して）いや	*
□ 그	感	（言いよどんで）そのう	(*)
□ 저	感	（言いよどんで）あのう	*
□ 여보세요	感	もしもし	**
□ 저기	感	（呼びかける際に）あのう，すみません	**
□ 저기요	表	（呼びかける際に）あのう，すみません	(**)
□ 자	感	（何かを始める際に）さあ，じゃあ	*
□ 글쎄요	感	（よく分からない時に）さあ…	*
□ 아이고	感	あら，ああっ	*
□ 그럼요	表	もちろんです	*
□ 그럼	感	もちろん	(*)

- 토요일에도 수업이 있어요?　土曜日にも授業がありますか?
  ― **네**, 오전에 있습니다.　― はい，午前中にあります．
- **여보세요**. 장민준 씨 핸드폰이죠?
  　もしもし．チャン・ミンジュンさんの携帯電話ですよね?
  ― **아뇨**. 잘못 거셨습니다.　― いいえ．間違っておかけですよ．
- **저기요**, 이 근처에 병원이 있어요?
  　あの，この近くに病院がありますか?
  ― **글쎄요**, 잘 모르겠습니다. ― さあ，よく分かりません．
- **아이고**, 이게 얼마 만이에요?
  　おお，これは久しぶりですね（どれくらいぶりですかね）?
- **자**, 이제 시작할까요?　さあ，もう始めましょうか?

030 接続・指示を表す副詞

□ 그러나	副	しかし	*
□ 그리고	副	そして	**
□ 그런데	副	ところで，でも	**
□ 근데	副	ところで，でも（그런데の縮約形）	(**)
□ 또는	副	または	*
□ 그러면	副	それなら，では	**
□ 그럼	副	それなら，では（그러면の縮約形）	(**)
□ 하지만	副	しかし，でも	**
□ 그러니까	副	だから	*
□ 그렇지만	副	しかし，でも	*
□ 왜냐하면	副	なぜかというと	
□ 그래서	表	それで	*
□ 이렇게	表	このように	*
□ 그렇게	表	そのように，あのように	*
□ 저렇게	表	あのように	*
□ 어떻게	表	どのように	**

- 책상 위에 사전이 있습니다. **그리고** 교과서도 있습니다. **하지만** 노트는 없습니다.

  机の上に辞書があります．そして教科書もあります．でも，ノートはありません．

- **그런데** 다음 주 발표는 **어떻게** 해요?

  ところで来週の発表はどうしますか？

- **그럼** 교실은 내일 청소해요.   じゃあ，教室は明日掃除しましょう．
- **그래서** 제가 **그렇게** 말했어요. それで私がそのように言いました．
- **그렇지만** 아무도 제 말을 듣지 않았습니다.

  しかし，誰も私のことばを聞きませんでした．

確認しよう

A 単語の意味を考え，他と異なる単語を一つ選ぼう．

1. ①하지만　②그래서　③그러나　④그렇지만
2. ①이런　②그런　③아이고　④저런
3. ①네　②아뇨　③예　④근데

B 示された二つの文の意味を考え，（　）内に接続詞を入れてみよう．

1. 아침에 학교에 갔어요．（　　　　）아무도 없었어요．
2. 우리 집에는 오빠가 있어요．（　　　　）언니도 있어요．
3. 오늘 열 한 시에 일어났어요．（　　　　）지각했어요．

C 日本語を参考に，（　）に当てはまる単語を入れて，文を完成させよう．

1. <u>すみません</u>，その辞書どこで買いましたか？
  （　　　　）그 사전 어디서 샀어요？

2. 学校まで<u>どのように</u>行きますか？
  학교까지（　　　　）갑니까？

3. <u>では</u>，明日一緒に出かけましょう．
  （　　　　）내일 같이 나가요．

D 韓国語で書いてみよう．

1. どんな学校ですか？　➡
2. もしもし，チフンさんですか？　➡
3. しかし約30分かかります．　➡

031　人を表すことば

사람		名	人	**
친구	〔親舊〕	名	友人	**
남자 친구	〔男子 親舊〕	表	男友だち	(**)
여자 친구	〔女子 親舊〕	表	女友だち	(**)
여러분		名	皆さん	*
아저씨		名	おじさん	**
아주머니		名	おばさん	**
아줌마		名	おばさん（아주머니の縮約形）	*
아가씨		名	お嬢さん	*
손님		名	お客さん	**
외국인	〔外國人〕	名	外国人	*
한국 사람	〔韓國-〕	表	韓国人	**
한국인	〔韓國人〕	名	韓国人	(*)
일본 사람	〔日本-〕	表	日本人	**
일본인	〔日本人〕	名	日本人	(*)
중국 사람	〔中國-〕	表	中国人	(**)
중국인	〔中國人〕	名	中国人	(**)
미국 사람	〔美國-〕	表	アメリカ人	(*)
미국인	〔美國人〕	名	アメリカ人	(*)

- 제 **친구** 중에 **미국 사람**이 있어요.
  私の友だちの中にアメリカ人がいます.
- **아주머니**, 자리 있어요?　おばさん, 席ありますか？
  — 네, **손님**. 몇 분이세요?　— はい, お客さん. 何名様ですか？
- 이 핸드폰은 **외국인**만 쓸 수 있습니다.
  この携帯電話は外国人だけ使えます.
- **여러분**, 어제는 잘 쉬었어요?　皆さん, 昨日はよく休みましたか？
- 요즘 오사카에 **중국 사람**하고 **한국 사람**이 많이 와요.
  最近大阪に中国人と韓国人がたくさん来ます.

032 取り扱い・着用を表す動詞

☐ 가지다	動	持つ		**
		①가지고 ②가지면 / 가지세요 ③가져요		
☐ 들다	動	持つ，持ち上げる		*
☐ 두다	動	置く，設置する		*
☐ 놓다	動	置く		**
		①놓고 ②놓으면 / 놓으세요 ③놓아요		
☐ 버리다	動	捨てる		*
☐ 걸다	動	かける		*
☐ 쓰다	動	使う〈으語幹〉		**
		①쓰고 ②쓰면 / 쓰세요 ③써요		
☐ 입다	動	着る，(ズボン，スカートを) 履く		**
		①입고 ②입으면 / 입으세요 ③입어요		
☐ 신다	動	(靴，靴下を) 履く		**
		①신고 ②신으면 / 신으세요 ③신어요		
☐ 벗다	動	脱ぐ		**
		①벗고 ②벗으면 / 벗으세요 ③벗어요		
☐ 쓰다	動	(帽子を)かぶる，(眼鏡を)かける，(傘を)さす〈으語幹〉		**
		①쓰고 ②쓰면 / 쓰세요 ③써요		

033 持ち物

☐ 가방		名 カバン	**
☐ 우산	〔雨傘〕	名 傘	**
☐ 시계	〔時計〕	名 時計	**
☐ 카드		名 カード	
☐ 카메라		名 カメラ	*

- **우산** 있어요? 없으면 제 **우산 쓰세요**.
　　　　　　　　傘持ってますか？　なければ私の傘使ってください．
- 어제 여기에 **카메라 놓고** 갔어요．　昨日ここにカメラ置いて行きました．
- 친구한테 전화를 **걸었어요**．　　友だちに電話をかけました．

034 服飾に関わることば(1) 服

□ 옷		名	服	**
□ 치마		名	スカート	**
□ 바지		名	ズボン	**
□ 한복	〔韓服〕	名	韓服(伝統的な衣装)	
□ 저고리		名	チョゴリ(韓服の上衣)	*
□ 신발		名	履物, 靴	**
□ 신		名	履物, 靴	*
□ 구두		名	(主に)革靴	**
□ 모자	〔帽子〕	名	帽子	*
□ 속옷		名	下着	**
□ 양말	〔洋襪/洋韈〕	名	靴下	**
□ 양복	〔洋服〕	名	スーツ	*
□ 넥타이		名	ネクタイ	
□ 청바지	〔青-〕	名	ジーンズ	

035 服飾に関わることば(2) 小物

□ 안경	〔眼鏡〕	名	眼鏡	**
□ 지갑	〔紙匣〕	名	財布	*
□ 열쇠		名	鍵	
□ 수건	〔手巾〕	名	タオル	*
□ 휴지	〔休紙〕	名	ちり紙	
□ 손수건	〔-手巾〕	名	ハンカチ	*
□ 타월		名	タオル	*

- 오늘은 **바지**를 입고 나갔어요. 今日はズボンを履いて出かけました.
- 이 **양복**에는 이런 **넥타이**가 잘 어울려요.
  このスーツにはこういうネクタイがよく似合います.
- **모자**도 쓰고 **구두**도 신고 정말 멋지네요.
  帽子もかぶって革靴も履いて, 本当に素敵ですね.
- 선생님도 **안경** 쓰세요? 先生も眼鏡おかけですか?

確認しよう

A 単語の意味を考え，他と異なる単語を一つ選ぼう．

1. ①모자　　②시계　　③아가씨　　④넥타이
2. ①한국인　②일본 사람　③아저씨　④우산
3. ①양복　　②열쇠　　③한복　　　④바지

B 日本語を参考に，(　)に当てはまる単語を入れて，文を完成させよう．

1. 学校に財布を置いてきました．
   학교에 (　　　)을 (　　　) 왔어요.

2. ズボンを履きました．
   (　　　)를 (　　　).

3. 眼鏡をかけてみました．
   (　　　)을 써 봤어요.

C 例にならい，用言を活用させてみよう．〔해요体・現在〕

　　例　가다 ➡ 가요

1. 가지다 ➡　　　　　4. 신다 ➡
2. 들다　 ➡　　　　　5. 입다 ➡
3. 걸다　 ➡　　　　　6. 버리다 ➡

D 韓国語で書いてみよう．

1. ちり紙を捨てました．　➡
2. 外国人に電話をかけます．➡
3. スーツを着て出かけました．➡

文法編・その1

■ **さまざまな助詞**

「〜は」や「〜が」など，名詞や代名詞などの体言につけて文法的な意味を表す要素を助詞といいます．韓国語の助詞には，形が一つのものと，二つのものがあります（→ p.3）．

形が一つのもの：-에 → 학교에 「学校に」
形が二つのもの：-는/은 → 여기는 「ここは」／집은 「家は」

上記のように，形が二つのものは，前の体言が母音で終わるか（パッチムで終わらない），子音で終わるか（パッチムで終わる）によってどちらがつくか決まります．

助詞		母音で終わる体言に	子音で終わる体言に
-는/은	「〜は」	저는　私は	이것은　これは
-가/이	「〜が」	거기가　そこが	오늘이　今日が
-를/을	「〜を」	나이를　歳を	점심을　昼食を
-도	「〜も」	나도　私も	
-에	「〜（場所，とき）に」	어디에　どこに	수요일에　水曜日に
-에게	「〜（人）に」〔書きことば〕	학생에게　学生に	
-한테	「〜（人）に」〔話しことば〕	저한테　私に	
-부터	「〜（順序，とき）から」	지금부터　今から	
-에서	「〜（場所）で，〜（場所）から」	여기에서　ここで，ここから	
-까지	「〜まで，〜までに」	세 시까지　3時まで，3時までに	
-(으)로	「〜（手段・道具）で，〜（方向）に」	버스로　バスで 전철로　電車で*	젓가락으로　箸で
-만	「〜だけ」	그것만　それだけ	
-보다	「〜より」	이것보다　これより	

44

-와/과 「～と」	아래와 下と	내년과 来年と
-하고 「～と」〔話しことば〕	이거하고 これと	
-의 「～の」	대학의 大学の	
-께 「～(人)に」〔尊敬の対象に〕	선생님께 先生に	
-(이)라도 「～でも」	잡지라도 雑誌でも	책이라도 本でも
-밖에 「～しか」〔否定の表現とともに〕	하나밖에 一つしか	
-처럼 「～のように」	대학생처럼 大学生のように	
-(이)나 「～でも，～や」	커피나 コーヒーでも	저녁이나 夕食でも

＊-(으)로は，母音で終わる体言とㄹで終わる体言に-로がつきます．

■ 日本語との対応で注意すべき助詞

① 「～になる」 → -가/이 되다

② 「～ではない」 → -가/이 아니다

③ 「～に乗る」 → -를/을 타다

④ 「～に会う」 → -를/을 만나다

036　身体を表すことば（1）

□ 몸	名	体	**
□ 머리	名	頭, 髪	**
□ 얼굴	名	顔	**
□ 목	名	首, 喉	*
□ 눈	名	目	**
□ 눈물	名	涙	*
□ 입	名	口	**
□ 귀	名	耳	**
□ 코	名	鼻	**
□ 이	名	歯	*
□ 이마	名	額(ひたい)	*
□ 콧물	名	鼻水	*
□ 땀	名	汗	*
□ 피	名	血	*
□ 힘	名	力	*

✔ **さまざまな終止形語尾（1）**──文を終止する機能を持つ語尾を終止形語尾といいます．語幹にそのままつけるタイプの終止形語尾として，-네요「～ですね」，-지요？（縮約形は-죠？）「～でしょう？」，-거든요「～なんですよ」などがあります．

- 오늘 **몸**이 좀 안 좋아요.
　　　　　今日は体調がよくありません（体がちょっとよくありません）．
- 우리 언니는 **머리**가 길어요.　　　うちの姉は髪が長いです．
- 그 사람이 먼저 **입**을 열었습니다.　彼がまず口を開きました．
- 아침에 일어나서 먼저 **이**를 닦아요.　朝起きてまず歯を磨きます．
- 너무 더워서 **땀**이 많이 나네요.　暑すぎて汗がたくさん出ますね．
- 점심을 못 먹어서 **힘**이 안 나요.
　　　　　　　　　昼を食べられなかったので力が出ません．

037　身体を表すことば (2)

□	손	名	手	**
□	발	名	足	**
□	팔	名	腕	**
□	다리	名	脚	**
□	가슴	名	胸	**
□	배	名	腹	**
□	어깨	名	肩	*
□	허리	名	腰	**
□	등	名	背中	*
□	키	名	身長, 背丈	**
□	손가락	名	手の指	*
□	발가락	名	足の指	
□	손발	名	手足	(**)
□	왼손	名	左手	(*)
□	오른손	名	右手	(*)
□	왼발	名	左足	(*)
□	오른발	名	右足	(*)

✔ **さまざまな終止形語尾 (2)** ― 語幹がパッチムで終われば (=子音で終われば) 으が現れ, そうでなければ으は不要, というタイプの終止形語尾として, -(으)ㄹ까요?「〜でしょうか, 〜ましょうか」, -(으)세요「〜なさいます, 〜してください」, -(으)ㄹ게요「〜しますからね」, -(으)ㅂ시다「〜しましょう」, -(으)십시오「〜してください」などがあります.
例: 버리다「捨てる」→ 버릴까요?, 놓다「置く」→ 놓을까요?

- 식사하기 전에 **손**을 씻으세요.　　食事する前に手を洗ってください.
- 밥을 못 먹어서 **배**가 고파요.　ご飯を食べられなくてお腹が空いています.
- 제 동생이 저보다 **키**가 큽니다.　　私の弟が私より背が高いです.
- 그 이야기를 듣고 **가슴**이 아팠어요.　その話を聞いて胸が痛みました.

038　健康・体調に関わることば

□ 건강	〔健康〕	名	健康	*
□ 병	〔病〕	名	病気	**
□ 약	〔藥〕	名	薬	**
□ 감기	〔感氣〕	名	風邪	**
□ 스트레스		名	ストレス	
□ 환자	〔患者〕	名	患者	

039　健康・体調に関わる形容詞

□ 건강하다	〔健康−〕	形	健康だ	*
□ 안녕하다	〔安寧−〕	形	元気だ	**
			①안녕하고 ②안녕하면 / 안녕하세요 ③안녕해요	
□ 아프다		形	痛い〈으語幹〉	**
			①아프고 ②아프면 / 아프세요 ③아파요	
□ 피곤하다	〔疲困−〕	形	疲れている	*
□ 고프다		形	(ふつう배가 고프다で) 空腹だ〈으語幹〉	**
			①고프고 ②고프면 / 고프세요 ③고파요	
□ 부르다		形	(ふつう배가 부르다で) 満腹だ〈르変〉	*
□ 이상하다	〔異常−〕	形	変だ，おかしい	*
□ 위험하다	〔危險−〕	形	危険だ，危ない	*
□ 힘들다		形	辛い，大変だ，骨が折れる	*

- 할머니, 오래오래 **건강하세요**.
  　　　　　　　　　　おばあさん，ずっと健康でいてくださいね.
- 그동안 **안녕하셨어요**?　　その間お元気でいらっしゃいましたか？
- **감기**에 걸려서 좀 **힘들어요**. 風邪にかかってちょっと辛いです.
- 너무 배가 **불러서** 더 이상 못 먹어요.
  　　　　　　　　　　お腹がいっぱいでこれ以上食べられません.
- **약**을 너무 많이 먹으면 **위험해요**. 薬をあまりにたくさん飲むと危険です.
- 다리가 좀 **아파요**. 　　脚がちょっと痛いです.

確認しよう

A 身体の部位を，韓国語で（　）内に書き入れてみよう．

(1.　　　　)
(2.　　　　)
(3.　　　　)
(4.　　　　)
(5.　　　　)
(6.　　　　)

B 日本語を参考に，（　）に当てはまる単語を入れて，文を完成させよう．

1. <u>腰</u>がすごく痛いです．
    (　　　　)가 너무 아파요．

2. お兄さんは<u>背</u>が高いですね．
    형은 (　　　　)가 크네요．

3. たくさん食べたので<u>お腹</u>がいっぱいです．
    많이 먹어서 (　　　　)가 불러요．

C 韓国語で書いてみよう．

1. 耳がちょっとおかしいです．　➡
2. 最近ストレスが多いです．　➡
3. 薬を飲みましたか？　➡
4. 額に汗が出ました．　➡

040　教室に関わることば

韓国語	漢字	品詞	日本語	頻度
교실	〔教室〕	名	教室	**
칠판	〔漆板〕	名	黒板	
책	〔冊〕	名	本	**
교과서	〔教科書〕	名	教科書	**
사전	〔辞典〕	名	辞典，辞書	*
잡지	〔雑誌〕	名	雑誌	*
종이		名	紙	**
연필	〔鉛筆〕	名	鉛筆	**
노트		名	ノート	**
공책	〔空冊〕	名	ノート	
볼펜		名	ボールペン	**
펜		名	ペン	(**)
지우개		名	消しゴム	
색연필	〔色鉛筆〕	名	色鉛筆	(*)
도장	〔圖章〕	名	ハンコ	*
계산기	〔計算器〕	名	計算機	(*)

✔ **さまざまな終止形語尾（3）**──語幹の最後の母音がㅏ，ㅗ，ㅑであれば아で始まる語尾を，語幹が上記以外の母音で終われば어で始まる語尾を選ぶ，というタイプの終止形語尾に，-아요/어요「～です，～ます」があります．例：놀다「遊ぶ」→ 놀<u>아요</u>，힘들다「辛い，大変だ」→ 힘들<u>어요</u>

- **교실**에서 핸드폰을 쓰면 안 됩니다．
  教室で携帯電話を使ってはいけません．
- 가방에 한국어 **책**하고 일본어 **사전**을 넣었어요．
  カバンに韓国語の本と日本語の辞書を入れました．
- **종이**에 **연필**로 그림을 그렸어요． 紙に鉛筆で絵を描きました．
- **노트**는 가지고 왔지만 **볼펜**을 집에 놓고 왔어요．
  ノートは持ってきましたが，ボールペンを家に置いて（忘れて）きました．

041 住居に関わることば（1） 全般

□ 집		名	家，（飲食店を指して）店	**
□ 댁	〔宅〕	名	（他人の家を高めて）お宅	*
□ 방	〔房〕	名	部屋	**
□ 문	〔門〕	名	ドア	**
□ 방문	〔房門〕	名	部屋の戸	(**)
□ 벽	〔壁〕	名	壁	*
□ 창문	〔窓門〕	名	窓	*
□ 부엌		名	台所	*
□ 계단	〔階段〕	名	階段	*
□ 화장실	〔化粧室〕	名	トイレ，手洗い	**
□ 위층	〔-層〕	名	上の階	(**)
□ 아래층	〔-層〕	名	下の階	(**)
□ 옆집		名	隣家	(**)
□ 옆방	〔-房〕	名	隣室	(**)

042 住居に関わることば（2） 家電製品

□ 텔레비전		名	テレビ	**
□ 티브이		名	テレビ	(**)
□ 라디오		名	ラジオ	*
□ 비디오		名	ビデオ	**
□ 냉장고	〔冷藏庫〕	名	冷蔵庫	
□ 에어컨		名	クーラー，エアコン	
□ 세탁기	〔洗濯機〕	名	洗濯機	

- 우리 **집**에는 **방**이 네 개 있어요. うちの家には部屋が四つあります。
- **문**이 열려 있네요. ドアが開いていますね。
- 좀 더워요. **창문** 좀 열어 주세요.
  少し暑いです。窓ちょっと開けてください。
- **라디오**를 끄고, **텔레비전**을 켰습니다.
  ラジオを消して，テレビをつけました。
- **화장실**은 **계단**을 올라가서 이 층에 있어요.
  トイレは階段を上がって二階にあります。

043　住居に関わることば（3）　家具，生活用品など

□ 책상	〔冊床〕	名	机	**
□ 침대	〔寝臺〕	名	ベッド	
□ 거울		名	鏡	*
□ 의자	〔椅子〕	名	椅子	**
□ 테이블		名	テーブル	
□ 식탁	〔食卓〕	名	食卓	
□ 소파		名	ソファ	
□ 휴지통	〔休紙桶〕	名	ゴミ箱	
□ 칼		名	刃物	*
□ 비누		名	石鹸	*
□ 치약	〔齒藥〕	名	歯磨き粉	
□ 칫솔	〔齒-〕	名	歯ブラシ	

✔ **さまざまな接続形語尾** ── 文と文とをつないで一つの文にする働きを持つ語尾が，接続形語尾です．-고「～して，～くて」，-지만「～だが，～けれど」，-(으)니까「～から，～ので」，-(으)러「～しに」，-(으)려고「～しようと」，-(으)면「～すれば，～したら」，-아도/어도「～しても」，-아서/어서「～して，～ので」などがあります．

- 제 방에는 **책상**하고 **거울**이 있습니다．
  私の部屋には机と鏡があります．
- 몸이 아파서 **침대**에 누웠어요．具合が悪くてベッドに横になりました．
- **의자**에 앉아서 이야기해도 돼요？
  椅子に座って話してもいいですか？
- 휴지는 **휴지통**에 버리세요．　ちり紙はゴミ箱に捨ててください．
- 이 **비누**로 세수하고, 이 **칫솔**로 이를 닦습니다．
  この石鹸で顔を洗い，この歯ブラシで歯を磨きます．

確認しよう

A 室内にある物・設備を，韓国語で（　）内に書き入れてみよう．

(1. 　　　　)
(2. 　　　　)
(3. 　　　　)
(4. 　　　　)
(5. 　　　　)
(6. 　　　　)

B 日本語を参考に，（　）に当てはまる単語を入れて，文を完成させよう．

1. すみません，<u>トイレ</u>はどこですか？
   저기요, (　　　　)이 어디예요?

2. <u>歯ブラシ</u>で歯を磨きました．
   (　　　　)로 이를 닦았어요.

3. <u>ベッド</u>に座って話しました．
   (　　　　)에 앉아서 이야기했어요.

C 韓国語で書いてみよう．

1. 階段を降ります．　　➡
2. ドア開けてください．➡
3. 机の前に椅子があります．➡

044 交通・乗り物（1）

□ 길		名	道	**
□ 큰길		名	大通り	*
□ 거리		名	街，通り	*
□ 차	〔車〕	名	車	**
□ 자동차	〔自動車〕	名	自動車	*
□ 택시		名	タクシー	**
□ 버스		名	バス	**
□ 자전거	〔自轉車〕	名	自転車	*
□ 지하철	〔地下鐵〕	名	地下鉄	**
□ 전철	〔電鐵〕	名	電車，地下鉄	**
□ 기차	〔汽車〕	名	汽車	**
□ 비행기	〔飛行機〕	名	飛行機	**
□ 배		名	船	*
□ 엘리베이터		名	エレベーター	*
□ 운전	〔運轉〕	名	運転	
□ 교통	〔交通〕	名	交通	

- 이 **길**을 쭉 가면 **큰길**이 나와요．
  この道をずっと行くと，大通りに出ます（大通りが出てきます）．

- **거리**에는 사람이 한 명도 없었습니다．
  通りには人が一人もいませんでした．

- **자동차**로 가면 30분, **지하철**로 가면 20분 정도 걸려요．
  自動車で行けば30分，地下鉄で行けば20分くらいかかります．

- 병원까지 **택시**를 타고 가요? 病院までタクシーに乗って行きますか?

- 저는 매일 **자전거**로 다녀요． 私は毎日自転車で通っています．

- 역에서 호텔까지 **버스**로 한 정거장이에요．
  駅からホテルまでバスでひと停留所です．

045　交通・乗り物 (2)

□ 신호등	〔信號燈〕	名	信号	*
□ 입구	〔入口〕	名	入口	*
□ 출구	〔出口〕	名	出口	*
□ 지하	〔地下〕	名	地下	
□ 역	〔驛〕	名	駅	**
□ 지하철역	〔地下鐵驛〕	名	地下鉄の駅	(**)
□ 전철역	〔電鐵驛〕	名	電車・地下鉄の駅	(**)
□ 정류장	〔停留場〕	名	停留所	
□ 공항	〔空港〕	名	空港	**
□ 다리		名	橋	*

046　店・建物 (1)

□ 건물	〔建物〕	名	建物	*
□ 가게		名	店	**
□ 편의점	〔便宜店〕	名	コンビニエンスストア	*
□ 회사	〔會社〕	名	会社	**
□ 은행	〔銀行〕	名	銀行	**
□ 병원	〔病院〕	名	病院	**
□ 시장	〔市場〕	名	市場	**
□ 백화점	〔百貨店〕	名	百貨店	*

- 사 번 **출구**로 나가면 **편의점**이 있어요.
　　4番出口から出ると、コンビニがあります。
- **백화점 입구**는 이쪽입니다.　　デパートの入口はこちらです。
- **공항**에서 **지하철역**에 바로 갈 수 있어요.
　　空港から地下鉄の駅にすぐ行くことができます。
- 저희 **회사**는 **은행** 바로 옆입니다. 私どもの会社は銀行のすぐ横です。
- 이 **건물**은 **지하** 삼 층까지 있어요. この建物は地下3階まであります。

047　移動を表す動詞 (2)

타다	動	乗る	**

① 타고 ② 타면 / 타세요 ③ 타요

걷다	動	歩く	*
걸어가다	動	歩いていく	(*)
걸어오다	動	歩いてくる	(*)
흐르다	動	流れる〈르変〉	*
넘다	動	越える	*
오르다	動	登る，上がる〈르変〉	*
올리다	動	上げる	*
올라가다	動	上がっていく	*
올라오다	動	上がってくる	*
내려가다	動	降りていく	*
내려오다	動	降りてくる	*
찾아가다	動	訪ねていく，訪問する	*
찾아오다	動	訪ねてくる	*
가져가다	動	持っていく	(*)
가져오다	動	持ってくる	(*)
다녀오다	動	行ってくる	*
돌다	動	回る	*
돌아가다	動	帰っていく	*
돌아오다	動	帰ってくる	*

- 엘리베이터를 타고 이 층으로 **올라가세요**.
  エレベーターに乗って2階に上がってください.
- 방금 시장에 **다녀왔어요**.　ついさっき市場に行ってきました.
- 가게까지 **걸어서** 십 분 정도 걸려요.
  店まで歩いて10分くらいかかります.
- 유명한 식당을 **찾아갔어요**.　有名な食堂を訪れました.

確認しよう

A 以下の単語をグループに分けてみよう．分けた基準も説明してみよう．

택시	공항	시장
백화점	기차	전철역
버스	가게	자전거
편의점	지하철	정류장

B 例にならい，用言を活用させてみよう．〔해요体・過去〕

例　가다 ➡ 갔어요

1. 걸어오다 ➡　　　　　4. 올리다 ➡
2. 가져가다 ➡　　　　　5. 타다　➡
3. 넘다　　➡　　　　　6. 돌아오다 ➡

C 日本語を参考に，（　）に当てはまる単語を入れて，文を完成させよう．

1. <u>バス</u>で<u>銀行</u>にちょっと行ってきました．
   (　　　　)로 (　　　　) 좀 다녀왔어요．

2. <u>自転車</u>に乗って<u>市場</u>に行きます．
   (　　　　)를 타고 (　　　　)에 가요．

3. <u>3番出口</u>で友だちを待ちました．
   삼 번 (　　　　)에서 친구를 기다렸어요．

D 韓国語で書いてみよう．

1. 空港までタクシーに乗りました．➡
2. ついさっき帰ってきました．➡
3. 会社まで歩いて行ったんですか？➡

048 店・建物 (2)

□	극장	〔劇場〕	名	劇場，映画館	*
□	호텔		名	ホテル	**
□	카페		名	カフェ	*
□	커피숍		名	コーヒーショップ，カフェ	*
□	공원	〔公園〕	名	公園	*
□	슈퍼마켓		名	スーパー	
□	약국	〔藥局〕	名	薬局	*
□	서점	〔書店〕	名	書店，本屋	
□	책방	〔冊房〕	名	本屋	*
□	여행사	〔旅行社〕	名	旅行社	(*)
□	시청	〔市廳〕	名	市役所，市庁	*
□	경찰서	〔警察署〕	名	警察署	
□	운동장	〔運動場〕	名	運動場	
□	수영장	〔水泳場〕	名	プール	
□	박물관	〔博物館〕	名	博物館	
□	사무실	〔事務室〕	名	事務室	
□	아파트		名	マンション	**

✔ **連体形 (1)** ―「ご飯を食べる人」のように，名詞を修飾する用言の形式を「連体形」といいます．「〜する〜」「〜した〜」など，事柄を時間的にどのように位置づけるかにより，現在連体形，過去連体形，未来連体形に分かれます．

- 오후에 **카페**에서 친구를 만날 거예요．
  午後，カフェで友だちに会うつもりです．
- **극장**에서 영화를 보고 **공원**에 갔어요．
  映画館で映画を見て，公園に行きました．
- 오늘 일이 있어서 **시청**과 **경찰서**에 갔다 왔어요．
  今日用事があって市役所と警察署に行ってきました．
- **약국**에서 감기약을 샀어요． 薬局で風邪薬を買いました．

049 趣味に関わることば

□ 취미	〔趣味〕	名	趣味	**
□ 영화	〔映畵〕	名	映画	**
□ 그림		名	絵	*
□ 연극	〔演劇〕	名	演劇	*
□ 소설	〔小說〕	名	小説	*
□ 번역	〔飜譯〕	名	翻訳	*
□ 사진	〔寫眞〕	名	写真	**
□ 문화	〔文化〕	名	文化	*
□ 역사	〔歷史〕	名	歴史	*
□ 게임		名	ゲーム	*
□ 만화	〔漫畵〕	名	漫画	
□ 산책	〔散策〕	名	散歩	
□ 파티		名	パーティー	
□ 만화책	〔漫畵冊〕	名	漫画（の本）	(*)
□ 소설책	〔小說冊〕	名	小説（の本）	(*)
□ 페이지		名	ページ	*

050 人の動作を表す動詞（2）

□ 읽다	動	読む	**
		① 읽고 ② 읽으면 / 읽으세요 ③ 읽어요	
□ 듣다	動	聞く〈ㄷ変〉	*
□ 그리다	動	描く	*
□ 찍다	動	撮る	**
		① 찍고 ② 찍으면 / 찍으세요 ③ 찍어요	
□ 치다	動	打つ，叩く，弾く	*

- **사진 찍는** 게 제 취미예요．　　写真を撮るのが私の趣味です．
- 일본 **만화**를 좋아하는 한국 사람이 많죠？
　　　　　　　　　　　　日本の漫画を好む韓国人が多いでしょう？
- 주말에 같이 **영화** 보러 가요．　　週末に一緒に映画見に行きましょう．
- 그 **소설**은 **번역**으로 **읽었습니다**．その小説は翻訳で読みました．

051　文化的活動に関わることば

□ 노래		名	歌	**
□ 음악	〔音樂〕	名	音楽	**
□ 인기	〔人氣〕	名	人気	*
□ 그룹		名	グループ	*
□ 춤		名	踊り，ダンス	
□ 노래방	〔-房〕	名	カラオケ	*
□ 피아노		名	ピアノ	*
□ 등산	〔登山〕	名	登山	
□ 소풍	〔逍風〕	名	遠足	
□ 시디		名	CD	**
□ 음반	〔音盤〕	名	CD，レコード	*
□ 디브이디		名	DVD	*
□ 콘서트		名	コンサート	*
□ 음악회	〔音樂會〕	名	音楽会	(*)

- 제가 좋아하는 **그룹**이 **시디**를 냈어요.
  私の好きなグループが，CDを出しました．
- 다 같이 **노래방**에 가서 **노래**도 부르고 **춤**도 췄어요.
  みんな一緒にカラオケに行って，歌も歌って踊りも踊りました．
- 학교에 갈 때는 **음악**을 자주 들어요.
  学校に行くときは音楽をよく聞きます．
- 저기서 **피아노**를 치는 사람이 누구예요?
  あそこでピアノを弾いている人は誰ですか？
- 다음 **콘서트**에는 꼭 갈 생각이에요.
  次のコンサートには必ず行くつもりです．
- 친구한테 **디브이디**를 빌렸어요.　　友だちにDVDを借りました．

確認しよう

A 単語の意味を考え，他と異なる単語を一つ選ぼう．

1. ①경찰서　②만화　③소설　④번역
2. ①게임　②책방　③슈퍼마켓　④약국
3. ①노래방　②피아노　③콘서트　④역사

B 日本語を参考に，（　）に当てはまる単語を入れて，文を完成させよう．

1. 私の好きな<u>グループ</u>は，<u>踊り</u>も上手です．
   제가 좋아하는 (　　　　)은 (　　　　)도 잘해요．

2. <u>カラオケ</u>に行って<u>歌</u>を歌いました．
   (　　　　)에 가서 (　　　　)를 불렀어요．

3. ソウルは長い<u>歴史</u>を持った都市です．
   서울은 긴 (　　　　)를 가진 도시입니다．

C 例にならい，用言を活用させてみよう．〔해요체・過去〕

　　例　가다 ➡ 갔어요

1. 찍다 ➡
2. 치다 ➡
3. 그리다 ➡
4. 읽다 ➡

D 韓国語で書いてみよう．

1. 博物館でコンサートがありました．➡
2. カフェで小説の本を読みました．➡
3. 一緒に写真を撮りましょう．➡
4. 絵を描くのが私の趣味です．➡

052 飲食に関わることば（1） 飲食全般・調味料

음식	〔飲食〕	名	食べ物	**
맛		名	味	**
식사	〔食事〕	名	食事	**
식당	〔食堂〕	名	食堂	**
요리	〔料理〕	名	料理	**
메뉴		名	メニュー	
건배	〔乾杯〕	名	乾杯	*
한국 요리	〔韓國 料理〕	表	韓国料理	(**)
일본 요리	〔日本 料理〕	表	日本料理	(**)
중국요리	〔中國料理〕	名	中国料理，中華料理	(**)
소금		名	塩	**
설탕	〔雪糖〕	名	砂糖	**
고추장	〔−醬〕	名	唐辛子味噌，コチュジャン	*
고춧가루		名	唐辛子の粉	*

✔ **連体形（2）** ― 動詞・存在詞の現在連体形を作るには，語幹に語尾 -는を つけ，形容詞・指定詞の現在連体形を作るには，語幹に語尾 -(으)ㄴをつ けます．いずれの語尾も，ㄹ語幹の用言につく際，語幹のㄹが脱落します． 例：먹다「食べる」→ 먹는，좋다「良い」→ 좋은，멀다「遠い」→ 먼

- **음식 맛**이 어때요？　　　　　　食べ物の味はいかがですか？
- **식사**는 어디서 하셨어요？　　　　食事はどちらでされましたか？
  ― 회사 앞 **식당**에서 먹었습니다. ― 会社の前の食堂で食べました．
- **소금**을 좀 넣으면 맛있어요.　塩をちょっと入れるとおいしいです．
- **한국 요리** 중에서 뭘 제일 좋아해요？
  　　　　　　　　　　　　韓国料理の中で何が一番好きですか？
- 저기요, **메뉴** 좀 보여 주세요.
  　　　　　　　　　　　すみません，メニューちょっと見せてください．
- 저는 **요리**를 잘 못해요. 私は料理がうまくできません．

053 飲食に関わることば（2） 料理
2-24

□ 밥		名	ご飯	**
□ 김치		名	キムチ	**
□ 반찬	〔飯饌〕	名	おかず	*
□ 도시락		名	弁当	*
□ 비빔밥		名	ビビンバ	**
□ 국		名	スープ	**
□ 불고기		名	プルコギ	**
□ 갈비		名	カルビ	*
□ 찌개		名	チゲ，鍋料理	*
□ 갈비탕	〔-湯〕	名	カルビスープ	*
□ 김		名	海苔	*
□ 김밥		名	海苔巻き	*
□ 라면		名	ラーメン	*
□ 냉면	〔冷麺〕	名	冷麺	**
□ 자장면		名	ジャージャー麺	
□ 떡		名	餅	*
□ 떡볶이		名	トッポッキ	(*)
□ 떡국		名	雑煮（餅入りのスープ）	(*)
□ 빵		名	パン	**
□ 햄버거		名	ハンバーガー	
□ 피자		名	ピザ	
□ 샌드위치		名	サンドイッチ	

- 여기 **김밥** 하나하고 **라면** 하나 주세요.
  ここ，海苔巻き一つとラーメン一つください．
  2-25
- 한국 식당에서는 **김치**가 꼭 나와요.
  韓国の食堂では，キムチが必ず出てきます．
- 요리를 주문하면 **반찬**을 많이 줘요.
  料理を注文すると，おかずをたくさんくれます．

054　作成や働きかけを表す動詞

□ 만들다	動	作る	**
		①만들고 ②만들면 / 만드세요 ③만들어요	
□ 짓다	動	作る，建てる，（ご飯を）炊く〈ㅅ変〉	*
□ 맞추다	動	合わせる，（服などを）あつらえる	*
□ 내다	動	出す	**
		①내고 ②내면 / 내세요 ③내요	
□ 넣다	動	入れる	**
		①넣고 ②넣으면 / 넣으세요 ③넣어요	
□ 안다	動	抱く，抱える	
□ 세우다	動	立てる，（車を）止める	**
		①세우고 ②세우면 / 세우세요 ③세워요	
□ 남기다	動	残す	*
□ 잡다	動	つかむ，（日取りなど）決める	*
□ 지키다	動	守る	*

✔ **連体形（3）** ―過去連体形は，動詞の場合，語幹に語尾-(으)ㄴを，存在詞・形容詞・指定詞の場合，語尾-았던/었던をつけます．また，未来連体形は品詞を問わず，語尾-(으)ㄹをつけます．-(으)ㄴ，-(으)ㄹをつける場合，ㄹ語幹の用言では語幹のㄹが脱落します．過去連体形の例：먹다「食べる」→ 먹은，만들다「作る」→ 만든，좋다「良い」→ 좋았던．未来連体形の例：내다「出す」→ 낼，살다「住む，生きる」→ 살，넓다「広い」→ 넓을

- 커피에 설탕을 **넣어요**?　　コーヒーに砂糖を入れますか？
- 지금 떡볶이 **만들고** 있어요．　今トッポッキ作っています．
- 음식을 **남기면** 안 되죠．　　食べ物を残したらだめですよ．
- 시간에 **맞춰서** 나갈게요．　　時間に合わせて出ますね．
- 약속 시간은 **지켜야** 됩니다．　約束の時間は守らなければいけません．

確認しよう

A 以下の単語をグループに分けてみよう．分けた基準も説明してみよう．

빵	자장면	불고기
갈비	햄버거	라면
냉면	갈비탕	김밥
떡국	비빔밥	샌드위치

B 例にならい，用言を活用させてみよう．〔합니다体・現在〕

例 가다 ➡ 갑니다

1. 남기다 ➡
2. 만들다 ➡
3. 넣다 ➡
4. 세우다 ➡
5. 잡다 ➡
6. 지키다 ➡

C 日本語を参考に，（ ）に当てはまる単語を入れて，文を完成させよう．

1. <u>ビビンバ</u>には<u>コチュジャン</u>をたくさん入れてください．
 （　　　）에는（　　　）을 많이 넣으세요．

2. <u>家</u>で<u>チゲ</u>を<u>作りました</u>．
 집에서（　　　）를（　　　）．

3. <u>約束</u>を<u>決めました</u>．
 약속을（　　　）．

D 韓国語で書いてみよう．

1. 冷麺一つと海苔巻き一つください． ➡
2. 私は韓国料理が好きです． ➡
3. 食堂でキムチを残したらいけません． ➡

まとめ ③　文法編・その2

■ **用言の活用について**

　韓国語で述語となる**用言**には，**動詞**（「食べる」，「走る」など）・**形容詞**（「高い」，「速い」など）・**存在詞**（「いる」，「ある」，「ない」など）・**指定詞**（「～だ」，「～ではない」など）があります．

　これらの用言は，日本語と同じく活用します．通常，用言はその本体部分である**語幹**に，文法的な意味を表す**語尾**をつけて用います．辞書の見出し形である**基本形**はいずれも語尾-다で終わりますが，この-다をとった残りの部分が語幹です．

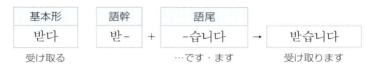

　語幹が母音で終わる用言を**母音語幹の用言**，子音で終わる用言を**子音語幹の用言**と呼びます．また，子音語幹の用言のうち，語幹がパッチムのㄹ（리을と呼びます）で終わる用言を**ㄹ語幹の用言**と呼びます．

　なお，語尾は語幹へのつき方によって大きく三つのタイプに分けることができます．

① 語幹にそのままつくタイプ（例：-지요?「…でしょう？」）
　　가다 + -지요? → 가지요?「行くでしょう？」
　　먹다 + -지요? → 먹지요?「食べるでしょう？」

② 語幹が母音で終わればそのままつき，子音で終われば間に-으-が入るタイプ（例：-(으)면「…すれば」）
　　오다 + -(으)면 → 오면「来れば」
　　좋다 + -(으)면 → 좋으면「良ければ」

③ 語幹の最後の母音がㅏやㅗなどの陽母音なら아系が，それ以外の陰母音なら어系がつくタイプ（例：-아요/어요「…です・ます」）
　　작다 + -아요/어요 → 작아요「小さいです」
　　적다 + -아요/어요 → 적어요「少ないです」

なお，母音語幹の用言に③のタイプの語尾がつくと，母音の縮約が起こります（→ p. 10, 11 参照）．

　本書では，さまざまな語尾について，①のタイプを-지요や-다のようにハイフンだけで示し，-(으)면や-(으)려고のように「(으)」があれば②のタイプ，-아요/어요や-아도/어도のようにのように아系と어系が「/（スラッシュ）」で示されていれば③のタイプ，というように表記していきます．

　なお，합니다体（→ p. 15 参照）の語尾である-ㅂ니다・-습니다「～です，～ます」などは上記のタイプとやや異なり，母音語幹・ㄹ語幹の用言（語幹末のㄹが脱落する→ p. 122 参照）には-ㅂ니다が，子音語幹の用言には-습니다がつきます．

★ 例にならって，以下の用言に示された語尾をつけてみよう．

　　例　좋다「良い」 + -아요/어요
　　➡　좋아요「良いです」

1. 잡다「つかむ」 + -아요/어요
   ➡

2. 싸다「安い」 + -ㅂ니다・-습니다
   ➡

3. 먹다「食べる」 + -(으)면
   ➡

4. 주다「あげる」 + -아요/어요
   ➡

5. 놀다「遊ぶ」 + -죠?
   ➡

055 飲食に関わることば（3） 果物・食材・野菜

□	과일		名 果物	**
□	사과	〔沙果〕	名 リンゴ	**
□	오렌지		名 オレンジ	
□	배		名 梨	
□	바나나		名 バナナ	
□	딸기		名 イチゴ	
□	포도	〔葡萄〕	名 ブドウ	
□	귤	〔橘〕	名 ミカン	*
□	수박		名 スイカ	
□	쌀		名 米	*
□	고기		名 肉	**
□	쇠고기		名 牛肉	(**)
□	소고기		名 牛肉	(**)
□	돼지고기		名 豚肉	(**)
□	닭고기		名 鶏肉	**
□	생선	〔生鮮〕	名 (食材としての) 魚	**
□	두부	〔豆腐〕	名 豆腐	*
□	계란	〔鶏卵〕	名 (ニワトリの) 卵	
□	고추		名 唐辛子	**
□	야채	〔野菜〕	名 野菜	*
□	파		名 ネギ	*
□	토마토		名 トマト	*
□	무		名 大根	*
□	오이		名 キュウリ	*
□	배추		名 白菜	*

- **고기**만 먹지 말고 **야채**도 좀 먹어요.
  お肉ばかり食べないで，野菜もちょっと食べてください．
- **생선**은 별로 안 좋아해요.　魚はあまり好きではありません．
- **사과**나 **오렌지**는 잘 먹지만 **바나나**는 못 먹어요.
  リンゴやオレンジはよく食べますが，バナナは食べられません．

056 飲食に関わることば（4） 食器

2-30

□ 잔	〔盞〕	名	盃，（固有数詞とともに）～杯	*
□ 컵		名	コップ	
□ 병	〔瓶〕	名	瓶，（瓶を数える際に）～本	
□ 그릇		名	器	*
□ 접시		名	皿	*
□ 밥그릇		名	ご飯茶碗	(*)
□ 젓가락		名	箸	
□ 숟가락		名	さじ，スプーン	*
□ 술잔	〔-盞〕	名	杯	(*)
□ 찻잔	〔茶盞〕	名	湯飲み茶碗	(*)

057 飲食に関わる形容詞

2-31

□ 뜨겁다	形	熱い〈ㅂ変〉		
□ 따뜻하다	形	あたたかい	*	
□ 차다	形	冷たい	**	
		①차고 ②차면/차세요 ③차요		
□ 맵다	形	辛い〈ㅂ変〉		
□ 짜다	形	塩辛い	*	
□ 달다	形	甘い	*	

✔ 〈否定〉と〈不可能〉―動詞や形容詞の〈否定〉表現は，用言の前に副詞 안を置くか，語幹に-지 않다という表現をつけます．例：지키다「守る」→ 안 지켜요/지키지 않아요「守りません」．また〈不可能〉の表現は副詞못を置くか，-지 못하다という表現を用います．例：지키다 → 못 지켜요/지키지 못해요「守れません」

- **따뜻한** 차 두 **잔** 주세요．　温かいお茶2杯ください．
- 음식이 너무 **뜨거워서** 못 먹습니다．
　　　　　　　　　　　　食べ物が熱すぎて食べられません．
- 밥은 **숟가락**으로 먹고 반찬은 **젓가락**으로 먹어요．
　　　　　　　　　　ご飯はさじで食べ，おかずは箸で食べます．
- **접시**를 들고 먹으면 안 돼요．　皿を持って食べてはいけません．

2-32

69

058 飲食に関わることば（5） 菓子・飲料など

□ 과자	〔菓子〕	名	菓子	*
□ 초콜릿		名	チョコレート	
□ 아이스크림		名	アイスクリーム	
□ 사탕	〔沙糖〕	名	アメ	
□ 케이크		名	ケーキ	*
□ 물		名	水	**
□ 찬물		名	冷たい水	*
□ 차	〔茶〕	名	茶	**
□ 주스		名	ジュース	**
□ 콜라		名	コーラ	*
□ 음료수	〔飲料水〕	名	飲み物	*
□ 홍차	〔紅茶〕	名	紅茶	*
□ 우유	〔牛乳〕	名	牛乳	**
□ 커피		名	コーヒー	**
□ 술		名	酒	**
□ 맥주	〔麥酒〕	名	ビール	*
□ 담배		名	タバコ	*

✔ **連体形を使った慣用表現** ―-(으)ㄹ 것이다「～するだろう，～するつもりだ」，-(으)ㄹ 생각이다「～するつもりだ」，-(으)ㄹ 수 있다「～することができる」，-(으)ㄹ 수 없다「～することができない」，-(으)ㄹ 때「～するとき，～なとき」，-았을/었을 때「～したとき，～だったとき」

- 생일 때 친구가 **케이크**를 사 왔어요.
  誕生日のときに友だちがケーキを買ってきました.

- **음료수**는 뭐가 있어요?
  飲み物（ソフトドリンク）は何がありますか？

  ― **콜라**하고 오렌지 **주스**, 우롱차가 있습니다.
  ― コーラとオレンジジュース, 烏龍茶があります.

- 이 건물 안에서 **담배**를 피울 수 없습니다.
  この建物内でタバコを吸うことはできません.

確認しよう

A 次の絵が表すものを，（　）内に韓国語で書いてみよう．

1. （　　　　）   4. （　　　　）
2. （　　　　）   5. （　　　　）
3. （　　　　）   6. （　　　　）

B 日本語を参考に，（　）に当てはまる単語を入れて，文を完成させよう．

1. ミカンもイチゴも大好きです．
   （　　　　）도 （　　　　）도 많이 좋아해요．

2. 日本ではご飯茶碗を持って，箸で食べるでしょう？
   일본에서는 （　　　　）을 들고 （　　　　）으로 먹죠？

3. 唐辛子が辛くてこれ以上食べられなさそうです．
   （　　　　）가 매워서 더 이상 못 먹겠어요．

C 例にならい，用言を活用させてみよう．〔形容詞の現在連体形〕

例 좋다 ➡ 좋은

1. 따뜻하다 ➡　　　　　3. 달다 ➡
2. 짜다 ➡　　　　　　　4. 차다 ➡

D 韓国語で書いてみよう．

1. ジュース2杯とコーヒー1杯ください．　➡
2. 先輩とビールを2本飲みました．　➡
3. 鶏肉は食べられません．　➡

059 数量に関わることば（3） 度量衡など

□ 장	〔張〕	依 ~枚		**
□ 권	〔巻〕	依 ~冊		**
□ 도	〔度〕	依 （温度，角度など）~度		*
□ 벌		依 ~着，（服などの）そろい		*
□ 원		依 ~ウォン		**
□ 엔		依 ~円		**
□ 달러		名 依 ~ドル		
□ 퍼센트		依 ~パーセント		*
□ 프로		依 ~パーセント		(*)
□ 센티미터		依 ~センチメートル		*
□ 미터		依 ~メートル		
□ 킬로미터		依 ~キロメートル		
□ 밀리그램		依 ~ミリグラム		
□ 그램		依 ~グラム		*
□ 킬로그램		依 ~キログラム		*
□ 킬로		依 ~キロ		(*)

- 비행기 표를 두 **장** 예약했어요. 飛行機のチケットを2枚予約しました．
- 한국어 문법 책을 세 **권** 샀어요. 韓国語文法の本を3冊買いました．
- 오늘 낮 기온은 삼십 **도**까지 올라가겠습니다.
  今日昼間の気温は30度まで上がるでしょう．
- 지금 만 **원**이 천 **엔** 정도가 될까요?
  今1万ウォンが1000円くらいになるでしょうか？
- 크기는 가로 일 **미터**, 세로 팔십 **센티미터**입니다.
  大きさは横1メートル，縦80センチメートルです．
- 이십 **퍼센트** 가까이 늘었습니다. 20%近く増えました．

060 順序を表すことば（1） 前後関係

□ 다음		名 次，次の，(다음에の形で) 今度	**
□ 전	〔前〕	名 (時間的に) 前	*
□ 후	〔後〕	名 (時間的に) 後	*
□ 이번	〔-番〕	名 今度，今回	**
□ 지난번	〔-番〕	名 前回，先ごろ，この間	*
□ 이전	〔以前〕	名 以前	*
□ 이후	〔以後〕	名 以後	*
□ 시작	〔始作〕	名 始め，始まり	**
□ 끝		名 端，終わり	**
□ 마지막		名 最後	*
□ 나중		名 (나중에の形で) 後で	
□ 차례	〔次例〕	名 順序，番，～回	*

✔ **さまざまな慣用表現** ── -고 싶다「～したい」, -고 가다/오다「～していく／くる」, -고 있다「～している（動作の進行）」, -(으)려고 하다「～しようとする」, -(으)면 되다「～すればよい」, -(으)면 안 되다「～したらいけない」, -아/어 보다「～してみる」, -아야/어야 되다「～しなければいけない」, -아/어 있다「～している（結果の持続）」, -아/어 주다「～してあげる，～してくれる」

- **다음**은 수현 씨 **차례**예요. 　次はスヒョンさんの番ですよ.
- 조금 **전**에 집에 도착했어요. 　少し前に家に着きました.
- 유학 가기 **전**에 한번 만나요. 　留学に行く前に一度会いましょう.
- **이번** 역은 시청, 시청역입니다. 　今度の駅は市庁，市庁駅です.
- 모두 출발한 **후**에 전화가 왔어요. 　皆出発したあとに電話が来ました.
- **지난번**에 찍은 사진, 메일로 보낼게요.
　　　　　　　　　　　　この間撮った写真，メールで送りますね.
- 열심히 작업하는데 **끝**이 없네요.
　　　一生懸命作業していますが，全然終わりませんね（終わりがありませんね）.

061 順序を表すことば (2) 順番

□ 순서	〔順序〕	名	順序	*
□ -째		接尾	～番目	**
□ 첫째		数 名	1番目	
□ 둘째		数 名	2番目	
□ 셋째		数 名	3番目	
□ 넷째		数 名	4番目	
□ 다섯째		数 名	5番目	
□ 번째	〔番-〕	依	～番目，～回目	**
□ 두 번째	〔-番-〕	表	2番目，2回目	**
□ 세 번째	〔-番-〕	表	3番目，3回目	**
□ 네 번째	〔-番-〕	表	4番目，4回目	**
□ 다섯 번째	〔-番-〕	表	5番目，5回目	**
□ 여섯 번째	〔-番-〕	表	6番目，6回目	**
□ 일곱 번째	〔-番-〕	表	7番目，7回目	**
□ 여덟 번째	〔-番-〕	表	8番目，8回目	**
□ 아홉 번째	〔-番-〕	表	9番目，9回目	**
□ 열 번째	〔-番-〕	表	10番目，10回目	**

✔ **ㅇ語幹の用言** ―語幹が母音ㅇで終わる用言は，-아요/어요など아か어の系列を選択するタイプの語尾がつく際に，語幹のㅇが脱落します．例：고프다「空腹だ」+ -아요/어요 → 고파요，예쁘다「かわいい」+ -아요/어요 → 예뻐요

- 한국에 온 것은 이번이 **두 번째**예요．
  韓国に来たのは今回が2回目です．
- 밑에서 **네 번째** 줄을 보세요．
  下から4行目（4番目の行）を見てください．
- **첫째**, 청소는 매일 할 것. **둘째**, 냉장고는 공동으로 쓸 것．
  1番目，掃除は毎日すること．2番目，冷蔵庫は共同で使うこと．
- **셋째** 딸이 내년에 초등학교에 들어갑니다．
  3番目の娘が来年小学校に入ります．

確認しよう

A 以下の数量を，単位も含めて（　）内に韓国語で書いてみよう．

1. 5 cm　　（　　　　　　）
2. ￥200　（　　　　　　）
3. 30 %　　（　　　　　　）
4. 60 kg　（　　　　　　）
5. 7 m　　（　　　　　　）

B 日本語を参考に，（　）に当てはまる単語を入れて，文を完成させよう．

1. <u>この間</u>，図書館の前にいたでしょう？
   （　　　　　）에 도서관 앞에 있었죠?

2. <u>順序</u>はどうなりますか？
   （　　　　　）가 어떻게 돼요?

3. <u>1番目</u>の行から発音してみてください．
   （　　　　　）줄부터 발음해 보세요．

C 韓国語で書いてみよう．

1. この間小説を3冊読みました．　➡
2. 今度の駅で降ります．　➡
3. 上から7番目の写真を見てください．　➡
4. 今度（次に）一緒に食事しましょう．　➡

062 生活に関わることば

□ 생활	〔生活〕	名	生活	*
□ 일		名	仕事, こと, 用事	**
□ 세수	〔洗手〕	名	洗顔	*
□ 잠		名	眠り	*
□ 늦잠		名	寝坊	*
□ 지각	〔遅刻〕	名	遅刻	*
□ 청소	〔清掃〕	名	掃除, 清掃	
□ 목욕	〔沐浴〕	名	入浴	*
□ 샤워		名	シャワー	
□ 쇼핑		名	ショッピング	*
□ 아르바이트		名	アルバイト	*
□ 알바		名	バイト(아르바이트의 縮約形)	(*)
□ 돈		名	お金	**
□ 값		名	値段, 価格, 価値	**
□ 가격	〔價格〕	名	価格	
□ 물건	〔物件〕	名	物	*
□ 쓰레기		名	ゴミ	
□ 결혼	〔結婚〕	名	結婚	**
□ 선물	〔膳物〕	名	プレゼント	**

- 오늘 **일**이 좀 있어서 **아르바이트** 못 가요.
  今日ちょっと用事があって, アルバイトに行けません.
- 아침에 **늦잠**을 자서 **지각**했습니다.　朝寝坊して遅刻しました.
- 친구가 다음 달에 **결혼**을 하는데 **선물**은 뭐가 좋을까요?
  友人が来月結婚をするんですが, プレゼントは何がいいでしょうか?
- **돈**이 모자라서 못 샀어요.　お金が足りなくて買えませんでした.
- 집에서는 **목욕**은 안 하고 **샤워**만 해요.
  家では入浴はせず, シャワーだけします.

063 対で覚える形容詞(1)

2-43

□ 많다	形	多い	**
		①많고 ②많으면 / 많으세요 ③많아요	
□ 적다	形	少ない	*
□ 강하다 〔強-〕	形	強い	*
□ 약하다 〔弱-〕	形	弱い	*
□ 비싸다	形	(値段が)高い	**
		①비싸고 ②비싸면 / 비싸세요 ③비싸요	
□ 싸다	形	安い	**
		①싸고 ②싸면 / 싸세요 ③싸요	
□ 빠르다	形	はやい〈르変〉	*
□ 늦다	形 動	遅い、遅れる	**
		①늦고 ②늦으면 / 늦으세요 ③늦어요	
□ 가볍다	形	軽い〈ㅂ変〉	*
□ 무겁다	形	重い〈ㅂ変〉	*
□ 가깝다	形	近い〈ㅂ変〉	**
		①가깝고 ②가까우면 / 가까우세요 ③가까워요	
□ 멀다	形	遠い	**
		①멀고 ②멀면 / 머세요 ③멀어요	
□ 넓다	形	広い	*
□ 좁다	形	狭い	*

- 요즘 일이 **많아서** 집에 **늦게** 들어가요.
  最近仕事が多くて家に遅く帰ります。

2-44

- 버스를 타는 게 **싸고 빨라요**.   バスに乗るのが、安くて早いです。
- 회사까지는 **멀지만** 집에서 **가까워요**.
  会社までは遠いですが、家から近いです。
- 누나 방은 **넓은데** 제 방은 조금 **좁아요**.
  姉の部屋は広いですが、私の部屋は少し狭いです。

064 程度を表す副詞

□ 많이		副	たくさん，とても，大いに	**
□ 가장		副	最も	*
□ 더		副	もっと，さらに	**
□ 더욱		副	さらに，よりいっそう	*
□ 너무		副	あまりにも	**
□ 아주		副	とても	**
□ 매우		副	非常に	*
□ 무척		副	とても	*
□ 제일	〔第一〕	名 副	一番	**
□ 다		名 副	全て，全部	**
□ 거의		名 副	ほとんど	*
□ 조금		名 副	少し，ちょっと	*
□ 좀		副	少し，ちょっと（조금の縮約形）	**
□ 대개	〔大概〕	名	たいてい	

- 과자가 싸서 **많이** 샀어요.   お菓子が安くてたくさん買いました.
- 저 고기 **많이** 좋아해요.   私お肉大好きです（とても好みます）.
- 커피 한 잔 **더** 주세요.   コーヒーもう1杯（1杯さらに）ください.
- 글씨가 **너무** 작아서 잘 안 보여요.
  文字が小さすぎて（あまりに小さくて）よく見えません.
- 이거 **아주** 무거운데 혼자 가져갈 수 있겠어요?
  これすごく重いんですけど，一人で持っていけそうですか？
- 술은 **다** 마셔 버렸어요.   お酒は全部飲んでしまいました.
- 머리는 괜찮은데 배가 **조금** 아파요.
  頭は大丈夫ですが，お腹が少し痛いです.
- 이거 **좀** 가르쳐 주세요.   これちょっと教えてください.

確認しよう

A 単語の意味を考え，他と異なる単語を一つ選ぼう．

1. ①세수　②가격　③샤워　④목욕
2. ①청소　②돈　③쇼핑　④값
3. ①아주　②매우　③조금　④무척

B 日本語を参考に，（　）に当てはまる単語を入れて，文を完成させよう．

1. 価格がもっと安いものはありませんか？
   (　　　)이 (　　　) (　　　) 것은 없어요?

2. 部屋が狭いので掃除を楽にできます．
   방이 (　　　) (　　　)를 쉽게 할 수 있어요．

3. 仕事があまりに多くて大変です．
   (　　　)이 (　　　) (　　　) 힘들어요．

C 例にならい，用言を活用させてみよう．〔해요体・現在〕

例　가다 ➡ 가요

1. 적다　➡
2. 강하다　➡
3. 많다　➡
4. 넓다　➡
5. 비싸다　➡
6. 멀다　➡

D 韓国語で書いてみよう．

1. 一週間に3回，アルバイトをします．　➡
2. 昨日の朝，寝坊しました．　➡
3. たいてい夕方に入浴をします．　➡

065　旅行に関わることば

여행	〔旅行〕	名	旅行	**
지도	〔地圖〕	名	地図	*
표	〔票〕	名	切符, チケット, 票	**
티켓		名	チケット	*
구경		名	見物	
출발	〔出發〕	名	出発	*
도착	〔到着〕	名	到着	*
여권	〔旅券〕	名	パスポート, 旅券	
경치	〔景致〕	名	景色	
해외여행	〔海外旅行〕	名	海外旅行	(*)
고향	〔故鄕〕	名	故郷	*
출신	〔出身〕	名	出身	*
시내	〔市內〕	名	市内	(*)

066　旅行・交通に関わる動詞

여행하다	〔旅行-〕	動	旅行する	**

①여행하고　②여행하면 / 여행하세요　③여행해요

운전하다	〔運轉-〕	動	運転する	
출발하다	〔出發-〕	動	出発する	*
도착하다	〔到着-〕	動	到着する	*

- **여행**을 갈 때는 **지도**가 필요할 거예요.
  旅行に行くときは地図が必要だと思います.
- **출발하기** 전에 **여권**과 비행기 **표**를 확인해 주세요.
  出発する前にパスポートと飛行機のチケットを確認してください.
- 남산타워에 가면 서울 **시내**가 다 보입니다.
  南山タワーに行けば, ソウル市内が全て見えます.
- 버스 **도착** 시간까지 삼십 분 정도 남았어요.
  バスの到着時間まで30分くらいあります（残っています）.
- **운전할** 줄 알아요?　　運転できますか？

067 人の動作を表す動詞（3）

□	앉다	動	座る	**
			①앉고 ②앉으면 / 앉으세요 ③앉아요	
□	눕다	動	横たわる〈ㅂ変〉	*
□	서다	動	立つ，(動いていたものが) 止まる	*
□	일어서다	動	立ち上がる，立つ	*
□	달리다	動	走る，駆ける	*
□	뛰다	動	走る，跳ねる	*
□	날다	動	飛ぶ	
□	추다	動	踊る	
□	춤추다	動	踊る	
□	운동하다 〔運動-〕	動	運動する	**
			①운동하고 ②운동하면 / 운동하세요 ③운동해요	

068 植物

□	나무	名	木	**
□	꽃	名	花	**
□	장미 〔薔薇〕	名	バラ	

069 自然現象を表す動詞

□	불다	動	吹く	*
□	피다	動	咲く，生える	*

- 강한 바람이 **부는** 날이었습니다. 　　強い風が吹く日でした.
- 여기 **앉아도** 돼요? 　　ここ座ってもいいですか？
- 매일 조금씩 **운동하는** 것이 건강에 좋습니다.
　　　　　　　　　　　　毎日少しずつ運動するのが健康に良いです.
- 많이 피곤해서 집에서 **누워** 있었어요.
　　　　　　　　　　　　だいぶ疲れたので家で横になっていました.
- 방에서는 **뛰지** 마세요. 　　部屋では飛び跳ねないでください.
- 예쁜 **꽃**이 **피었습니다**. 　　きれいな花が咲きました.

070 自然現象に関わることば

□ 하늘		名	空	*
□ 해		名	太陽	*
□ 달		名	月	**
□ 별		名	星	*
□ 반달	〔半-〕	名	半月	*
□ 산	〔山〕	名	山	**
□ 섬		名	島	*
□ 돌		名	石	
□ 바람		名	風	*
□ 구름		名	雲	**
□ 비		名	雨	**
□ 눈		名	雪	**
□ 바다		名	海	**
□ 강	〔江〕	名	川	**
□ 강물	〔江-〕	名	川の水	(**)
□ 바닷물		名	海水	(**)
□ 불		名	火, 明かり	**
□ 날씨		名	天気	**

✓ **르変則活用の用言** ——語幹が르で終わる用言の一部は, -아요/어요など 아か어の系列を選択するタイプの語尾がつく際に, 語幹の르がㄹㄹに変わります. 例:빠르다「早い」+ -아요/어요 → 빨라요, 부르다「呼ぶ, 歌う」+ -아요/어요 → 불러요

- 맑은 **하늘**에는 **구름** 한 점 없었어요.
  晴れた空には雲ひとつありませんでした.
- 요즘 **날씨**가 안 좋아서 **비**가 많이 와요.
  最近天気が悪くて, 雨がたくさん降ります.
- **산**에는 **눈**이 많이 왔겠어요. 山には雪がだいぶ降ったでしょうね.
- 이 **섬**에는 **돌**이 아주 많습니다. この島には石がとても多いです.

確認しよう

A 以下の単語をグループに分けてみよう．分けた基準も説明してみよう．

나무	여권	장미
여행	꽃	산
티켓	지도	표
섬	바다	강

B 例にならい，用言を活用させてみよう．〔합니다体・現在〕

例 가다 ➡ 갑니다

1. 앉다 ➡
2. 서다 ➡
3. 운동하다 ➡
4. 달리다 ➡
5. 추다 ➡
6. 뛰다 ➡

C 日本語を参考に，（ ）に当てはまる単語を入れて，文を完成させよう．

1. 鳥が空を飛びます．
   새가 （　　　）을 （　　　）．

2. 夏には海外旅行に行く予定です．
   여름에는 （　　　）을 갈 예정이에요．

3. 山に登りましたが，景色が本当に良かったです．
   （　　　）에 올랐는데 （　　　）가 정말 좋았어요．

D 韓国語で書いてみよう．

1. 今年は雪がたくさん降りました．➡
2. 春には花が咲きます．➡
3. 雨も降って風も吹いています．➡

071 態度・催促を表す副詞

□ 안		副	(用言の前に置いて)〜ない	**
□ 바로		副	すぐ, まさに	*
□ 왜		副	なぜ, どうして	**
□ 못		副	(用言の前に置いて)〜できない	*
□ 물론	〔勿論〕	名 副	もちろん	
□ 역시	〔亦是〕	副	やはり	*
□ 전혀	〔全-〕	副	全く(〜ない)	*
□ 반드시		副	必ず, きっと	*
□ 혹시	〔或是〕	副	ひょっとして, もしかして	*
□ 어서		副	どうぞ, 早く	*
□ 겨우		副	やっと	*
□ 만일	〔萬一〕	名 副	もし, 万一	*

072 開閉を表す動詞

□ 열다	動	開ける	**
		①열고 ②열면/여세요 ③열어요	
□ 열리다	動	開かれる, 開く	*
□ 닫다	動	閉める	**
		①닫고 ②닫으면/닫으세요 ③닫아요	
□ 펴다	動	広げる, 伸ばす	*
□ 뜨다	動	(目を)開く〈으語幹〉	*
□ 감다	動	(目を)閉じる	*

- **혹시** 창문이 **열려** 있어요?　ひょっとして窓が開いていますか?
- 그때 **왜** 눈을 **안 감았어요**?　その時どうして目を閉じなかったんですか?
- 방에서 나갈 때 **반드시** 문을 **닫고** 가세요.
　　　　　　　　　　部屋から出る時, 必ずドアを閉めて行ってください.
- 그럼 교과서 십삼 페이지를 **펴** 보세요.
　　　　　　　　　　では教科書13ページを開いて(広げて)ください.

073　対で覚える形容詞（2）

□ 덥다	形	暑い〈ㅂ変〉	**
		①덥고 ②더우면/더우세요 ③더워요	
□ 춥다	形	寒い〈ㅂ変〉	**
		①춥고 ②추우면/추우세요 ③추워요	
□ 맑다	形	澄んでいる，（天気が）晴れている	
□ 흐리다	形	濁っている，曇っている	*
□ 크다	形	大きい〈으語幹〉	**
		①크고 ②크면/크세요 ③커요	
□ 작다	形	小さい	**
		①작고 ②작으면/작으세요 ③작아요	
□ 높다	形	高い	**
		①높고 ②높으면/높으세요 ③높아요	
□ 낮다	形	低い	**
		①낮고 ②낮으면/낮으세요 ③낮아요	
□ 길다	形	長い	**
		①길고 ②길면/기세요 ③길어요	
□ 짧다	形	短い，足りない	**
		①짧고 ②짧으면/짧으세요 ③짧아요	

- 이거 사이즈가 **작은데** 좀 더 **큰** 거 없어요?

    これサイズが小さいんですけど，もうちょっと大きいのないですか？

- 오늘 날씨가 정말 **덥네요**.　　今日は本当に暑いですねえ．
- 이 머리가 **긴** 사람이 누구예요?　この髪の長い人は誰ですか？
- 휴가가 너무 **짧아서** 아무것도 못 했어요．

    休暇が短すぎて，何もできませんでした．

- 저기 보이는 **높은** 건물이 우리 학교 도서관입니다．

    あそこに見える高い建物が，うちの学校の図書館です．

- 내일은 전국적으로 **맑지만** 제주도는 **흐리겠습니다**．

    明日は全国的に晴れますが，済州島は曇るでしょう．

074 頻度を表す副詞

□ 또		副	また	**
□ 잘		副	よく, うまく, 上手に	**
□ 한번	〔-番〕	名 副	(試しに) 一回, 一度, ちょっと	
□ 자주		副	しばしば, しょっちゅう, よく	*
□ 자꾸		副	しきりに	*
□ 가끔		副	時々	*
□ 언제나		副	いつも	**
□ 늘		副	いつも, 常に	*
□ 항상	〔恒常〕	副	いつも	

075 存在詞・指定詞

□ 있다	存	ある, いる ①있고 ②있으면 / 있으세요 ③있어요	**
□ 없다	存	ない, いない ①없고 ②없으면 / 없으세요 ③없어요	**
□ 계시다	存	いらっしゃる ①계시고 ②계시면 ③계세요	**
□ -이다	指	～だ ①-이고 ②-이면 /-이세요 ③-예요 / 이에요	**
□ 아니다	指	～ではない ①아니고 ②아니면 / 아니세요 ③아니에요	**

- 그럼 다음에 **또** 만나요. じゃあ今度また会いましょう.
- 그런 사람이 **가끔 있죠**. そういう人時々いますよね.
- **항상** 민아 씨 생각만 하고 있어요.
  いつもミナさんのことばかり考えています (ミナさんの考えだけしています).
- 제 이름은 철수가 **아니에요**. 私の名前はチョルスじゃありません.

確認しよう

A 示された日本語に該当する韓国語の単語を書いてみよう．

1. 高い　　　　　（　　　　　　）
2. 必ず，きっと　（　　　　　　）
3. 大きい　　　　（　　　　　　）
4. しきりに　　　（　　　　　　）
5. もしも，万一　（　　　　　　）

B 例にならい，用言を活用させてみよう．〔形容詞の現在連体形〕

例 좋다 ➡ 좋은

1. 맑다 ➡　　　　　　　4. 짧다 ➡
2. 작다 ➡　　　　　　　5. 흐리다 ➡
3. 길다 ➡　　　　　　　6. 덥다 ➡

C 日本語を参考に，（　）に当てはまる単語を入れて，文を完成させよう．

1. <u>ひょっとして</u>ドアを<u>閉めましたか</u>？
   （　　　　　）문을（　　　　　　）?

2. 手をちょっと<u>広げて</u>みてください．
   손 좀（　　　　　）보세요．

3. <u>どうして</u>そんなに話が<u>長いんですか</u>？
   （　　　　　）그렇게 이야기가（　　　　　　）?

D 韓国語で書いてみよう．

1. 窓が開きません．　➡
2. 全く寒くありません．➡
3. 時間が短すぎました．➡

まとめ ④　発音編・その2

■ 発音の変化

① ㅎの弱化

パッチムのㅎ・ㄶ・ㅀに母音が続く場合，ㅎは発音されません．

> 넣어요［너어요］「入れます」　많이［마니］「たくさん」
> 싫어요［시러요］「いやです」

また，パッチムのㅁ・ㄴ・ㄹ・ㅇにㅎが続く場合，ㅎの発音は弱まってほとんど発音されず，連音化が起こります．

> 삼 학년［사망년］「3学年 (3年生)」　전화［저놔］「電話」
> 결혼［겨론］「結婚」

② 流音化

ㄴは，ㄹの前や後ろではㄹで発音されます．ㅀ・ㄾにㄴが続く場合も同様です．

> 연락［열락］「連絡」　칠 년［칠련］「七年」
> 잃는［일른］「失う…」

③ ㄴの挿入

合成語などで，前の要素が子音で終わり，後ろの要素が이，야，여，요，유で始まる場合，要素の間に発音上ㄴが挿入されます．

> 서른여섯［서른녀섣］「36」　일본 요리［일본뇨리］「日本料理」

なお，前の要素がどんな子音で終わるかにより，鼻音化や流音化なども起こります．

> 한국 요리［한국뇨리］ → ［한궁뇨리］「韓国料理」
> 지하철역［지하철녁］ → ［지하철력］「地下鉄駅」

④口蓋音化

パッチムのㄷ・ㅌが助詞や接尾辞の母音ㅣと結合する場合, [ㅈ] や [ㅊ] で発音されます. まずは以下の語を覚えておくとよいでしょう.

> 같이 [가치]「一緒に」　　굳이 [구지]「敢えて」
> 붙이다 [부치다]「くっつける」　　붙여요 [부처요]「くっつけます」

⑤ㄹの鼻音化

パッチムのㅁ・ㅇに続くㄹは [ㄴ] で発音されます. パッチムのㅂ・ㄱに続くㄹも [ㄴ] で発音されますが, それに伴ってパッチムのㅂ・ㄱは鼻音化が起こり, それぞれ [ㅁ], [ㅇ] となります.

> 심리 [심니]「心理」　　정류장 [정뉴장]「停留所」
> 압력 [암녁]「圧力」　　독립 [동닙]「独立」

★ 発音の変化に気をつけて, 発音してみよう.

저는 한국 요리하고 일본 요리를 좋아해요. 지난번에 친구한테 연락을 해서 지하철역 근처에 있는 식당에서 일본 요리를 먹었어요. 그 식당은 지하철 일 호선 종로역 근처에 있어요.

2-64

076 思考を表す動詞

알다		動	知る，分かる	**
			①알고 ②알면 / 아세요 ③알아요	
모르다		動	知らない，分からない〈르変〉	**
			①모르고 ②모르면 / 모르세요 ③몰라요	
생각하다		動	考える，思う	**
			①생각하고 ②생각하면 / 생각하세요 ③생각해요	
생각되다		動	考えられる，思われる	**
			①생각되고 ②생각되면 / 생각되세요 ③생각돼요	
생각나다		表	思い出す	(*)
기억하다	[記憶-]	動	記憶する	*
기억되다	[記憶-]	動	記憶される	*
기억나다	[記憶-]	表	思い出す	(*)
잊다		動	忘れる	**
			①잊고 ②잊으면 / 잊으세요 ③잊어요	
잊어버리다		動	忘れる	*
세다		動	数える	*
주의하다	[注意-]	動	注意する	*
믿다		動	信じる	*
맞다		動	合う，正しい	*
틀리다		動	（答えなどが）間違う	*
어울리다		動	似合う	*
잘못하다		動	（~を）間違う，間違える，誤りを犯す	*
잘못되다		動	（~が）間違う，誤る	

- 저는 그 사람을 잘 **몰라요**.　私はその人をよく知りません．
- 혹시 병원에 **아는** 사람이 있으면 소개해 주세요．
  もしかして病院に知り合い（知っている人）がいたら紹介してください．
- 저도 그렇게 **생각해요**.　　私もそう思います．
- 현우 씨 말이 **맞아요**.
  ヒョヌさんの言う通りです（ことばが合っています）．

077 因果・真偽に関わることば

□ 결과	〔結果〕	名	結果		*
□ 이유	〔理由〕	名	理由		*
□ 필요	〔必要〕	名	必要		*
□ 영향	〔影響〕	名	影響		*
□ 사실	〔事實〕	名	事実		*
□ 정말	〔正-〕	名 副	本当		**
□ 정말로	〔正-〕	副	本当に		*
□ 참		名 副	真実, 誠に		*
□ 진짜	〔眞-〕	名 副	本当, 本物		*
□ 거짓말		名	嘘		
□ 거짓		名	嘘		

078 開始・終了を表す動詞

□ 시작하다	〔始作-〕	動 始める	**
	①시작하고 ②시작하면/시작하세요 ③시작해요		
□ 시작되다	〔始作-〕	動 始まる	**
	①시작되고 ②시작되면/시작되세요 ③시작돼요		
□ 끝나다		動 終わる	**
	①끝나고 ②끝나면/끝나세요 ③끝나요		
□ 마치다		動 終える, 終わる	*
□ 끝내다		動 終える	*
□ 말다		動 やめる	

- 지금 바로 **시작할 필요**가 있습니다.　今すぐに始める必要があります。
- 교수님이 수업을 **마치고** 연구실에 돌아오셨어요.
　　　　　　　　　　　　先生が授業を終えて研究室に戻ってこられました.
- 아까 **거짓말**을 한 **이유**가 뭐예요?　さっき嘘をついた理由は何ですか?
- 경기는 세 시에 **시작될** 예정입니다.　競技は3時に始まる予定です.

91

079 行政区画（1） 市区

☐ 도시	〔都市〕	名	都市	*
☐ 지방	〔地方〕	名	地方	*
☐ 도	〔道〕	名	道（行政区画）	*
☐ 시	〔市〕	名	市	*
☐ 구	〔區〕	名	区	*
☐ 동	〔洞〕	名	洞（行政区画）	*

確認しよう

A 示された日本語に該当する韓国語の単語を書いてみよう.

1. 影響　　　（　　　　）
2. 信じる　　（　　　　）
3. 必要　　　（　　　　）
4. 始める　　（　　　　）
5. 真実　　　（　　　　）

B 日本語を参考に，（　）に当てはまる単語を入れて，文を完成させよう.

1. 事実とうまく合いません.
   （　　　　）과 잘 안 （　　　　）.

2. 地方都市で変化が始まりました.
   （　　　　）（　　　　）에서 변화가 （　　　　）.

3. 良い結果が出ました.
   좋은 （　　　　）가 나왔어요.

C 例にならい，用言を活用させてみよう.〔해요体・過去〕

   例　가다 ➡ 갔어요

1. 시작하다 ➡　　　　　4. 마치다 ➡
2. 잘못되다 ➡　　　　　5. 알다　 ➡
3. 세다　　 ➡　　　　　6. 틀리다 ➡

D 韓国語で書いてみよう.

1. 理由をよく知りません.　　➡
2. アルバイトは6時に終わります. ➡
3. 服がよく似合っています.　➡

080 国・地域に関わることば（1）

韓国語	漢字	品詞	日本語	重要度
나라		名	国	**
우리나라		名	我が国	**
외국	〔外國〕	名	外国	**
해외	〔海外〕	名	海外	*
대한민국	〔大韓民國〕	名	大韓民国	*
한국	〔韓國〕	名	韓国	**
조선민주주의인민공화국 〔朝鮮民主主義人民共和國〕		名	朝鮮民主主義人民共和国	*
조선	〔朝鮮〕	名	朝鮮	**
북한	〔北韓〕	名	北韓（韓国における北朝鮮の呼称）	
수도	〔首都〕	名	首都	*
서울		名	ソウル	*
평양	〔平壤〕	名	平壤	*
일본	〔日本〕	名	日本	**
중국	〔中國〕	名	中国	**
미국	〔美國〕	名	アメリカ	*
아시아		名	アジア	
아프리카		名	アフリカ	
유럽		名	ヨーロッパ	

- **한국**의 **수도**는 **서울**이고 **북한**의 **수도**는 **평양**입니다.

  韓国の首都はソウルで，北朝鮮の首都は平壤です．

- **일본**과 **중국**, **한국** 등 **아시아**의 **나라**는 서로 도와줘야 합니다.

  日本と中国，韓国などのアジアの国は，互いに助けてあげなければなりません．

- 언제 한번 **유럽** 여행을 가 보고 싶어요.

  いつか一度，ヨーロッパ旅行に行ってみたいです．

081 国・地域に関わることば (2)

3-03

□ 독일	〔獨逸〕	名	ドイツ
□ 러시아		名	ロシア
□ 영국	〔英國〕	名	イギリス *
□ 캐나다		名	カナダ
□ 프랑스		名	フランス
□ 호주	〔濠洲〕	名	オーストラリア
□ 남아프리카공화국	〔南-共和國〕	名	南アフリカ共和国
□ 멕시코		名	メキシコ
□ 브라질		名	ブラジル
□ 사우디아라비아		名	サウジアラビア
□ 아르헨티나		名	アルゼンチン
□ 이탈리아		名	イタリア
□ 인도	〔印度〕	名	インド
□ 인도네시아		名	インドネシア
□ 터키		名	トルコ
□ 유럽 연합	〔-聯合〕	名	EU、ヨーロッパ連合
□ 이유		名	EU

✔ **ㅂ変則活用の用言** ──語幹がㅂ(비읍)で終わる用言の一部は, -(으)면など으で始まるタイプの語尾や, -아요/어요などоわ/어の系列を選択するタイプの語尾がつく際に, 語幹のㅂがウに変わります. 例: 춥다「寒い」+ -(으)면 → 추우면, 덥다「暑い」+ -아요/어요 → 더워요. 語幹がㅂで終わる形容詞の大部分と, 눕다「横たわる」など一部の動詞が該当します.

- **독일** 옆에 **프랑스**가 있습니다.　　ドイツの隣にフランスがあります.
- 제 친구는 **러시아** 출신이에요.　　私の友だちはロシア出身です.
- **캐나다**에 유학 가는 한국 사람이 많아요.

　　　　　　　　　　　　　カナダに留学する韓国人が多いです.

3-04

082 行政区画（2）道

경기도	〔京畿道〕	名	京畿道	*
강원도	〔江原道〕	名	江原道	*
충청도	〔忠清道〕	名	忠清道	*
충청북도	〔忠清北道〕	名	忠清北道	*
충청남도	〔忠清南道〕	名	忠清南道	*
전라도	〔全羅道〕	名	全羅道	*
전라북도	〔全羅北道〕	名	全羅北道	*
전라남도	〔全羅南道〕	名	全羅南道	*
경상도	〔慶尚道〕	名	慶尚道	*
경상북도	〔慶尚北道〕	名	慶尚北道	*
경상남도	〔慶尚南道〕	名	慶尚南道	*
제주특별자치도	〔濟州特別自治道〕	名	済州特別自治道	*
평안도	〔平安道〕	名	平安道	*
평안북도	〔平安北道〕	名	平安北道	*
평안남도	〔平安南道〕	名	平安南道	*
자강도	〔慈江道〕	名	慈江道	*
량강도	〔兩江道〕	名	両江道	*
황해도	〔黃海道〕	名	黄海道	*
황해북도	〔黃海北道〕	名	黄海北道	*
황해남도	〔黃海南道〕	名	黄海南道	*
함경도	〔咸鏡道〕	名	咸鏡道	*
함경북도	〔咸鏡北道〕	名	咸鏡北道	*
함경남도	〔咸鏡南道〕	名	咸鏡南道	*

- 제 고향은 **충청도**입니다. 　　私の故郷は忠清道です.
- 오후에는 **경기도**를 중심으로 많은 비가 오겠습니다.
　　午後には京畿道を中心に, 多くの雨が降るでしょう.

確認しよう

A 漢字で示された以下の道名を，（ ）内にハングルで書いてみよう．

1. 京畿道　　　（　　　　　）
2. 咸鏡北道　　（　　　　　）
3. 忠清南道　　（　　　　　）
4. 慶尚南道　　（　　　　　）
5. 江原道　　　（　　　　　）

B 以下の地図に示された国名を，（ ）内にハングルで書いてみよう．

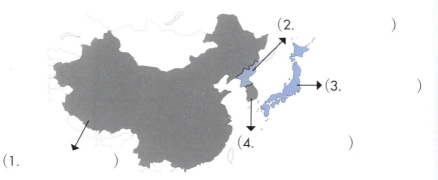

C 以下の地図に示された国名を，（ ）内にハングルで書いてみよう．

97

083 コミュニケーションに関わることば（1） 全般

□	말		名	ことば	**
□	이야기		名	話	**
□	얘기		名	話（이야기の縮約形）	(**)
□	대화	〔對話〕	名	対話	
□	말씀		名	おことば（말の尊敬語・謙譲語）	*
□	설명	〔說明〕	名	説明	*
□	뉴스		名	ニュース	**
□	드라마		名	ドラマ	**
□	인사	〔人事〕	名	挨拶	*
□	인사말	〔人事-〕	名	挨拶の言葉	(*)
□	대답	〔對答〕	名	返事	*
□	제목	〔題目〕	名	題目	*
□	답	〔答〕	名	答え	*
□	주소	〔住所〕	名	住所	*
□	축하	〔祝賀〕	名	お祝い，祝賀	**
□	실례	〔失禮〕	名	失礼	**
□	옛날이야기		名	昔話	(*)
□	연락처	〔連絡處〕	名	連絡先	*
□	회화	〔會話〕	名	会話	*

- 그 사람이 먼저 **말**을 걸었어요．
  　　　　　　　　彼が先に話しかけました（ことばをかけました）．
- 제 **이야기**도 좀 들어 줬으면 해요．
  　　　　　　　　私の話もちょっと聞いてくれたらと思います．
- 그렇게 **드라마**만 보지 말고 **뉴스**도 좀 보세요．
  　　　　　　　　そんなにドラマばかり見ないでニュースもちょっと見てください．
- **주소**하고 **연락처** 좀 가르쳐 주세요． 住所と連絡先教えてください．
- 친구한테 생일 **축하** 메시지를 보냈어요．
  　　　　　　　　友だちに誕生祝いのメッセージを送りました．

084 順序・時間を表す副詞

□ 다시	副	再び，もう一度	**
□ 아직	副	まだ	*
□ 먼저	副 名	まず，先に	**
□ 우선 〔于先〕	副	まず	*
□ 벌써	副	すでに，もう	*
□ 일찍	副	早く	*
□ 아까	副 名	先ほど	*
□ 아직까지	表	今まで，いまだに	*
□ 아직도	表	今なお	*
□ 곧	副	すぐに，間もなく	**
□ 그동안	名	その間	
□ 잠깐	副 名	しばらく	*
□ 잠시 〔暫時〕	副 名	しばらく	*
□ 오래	副	長い間	

✔ **ㄷ変則活用の用言** ——語幹がㄷ (디귿) で終わる用言の一部は，-(으)면 な ど으で始まるタイプの語尾や，-아요/어요など아か어の系列を選択する タイプの語尾がつく際に，語幹のㄷがㄹに変わります．例：듣다「聞く」+ -(으)ㄴ → 들은，묻다「尋ねる」+ -아요/어요 → 물어요．ㄹ語幹の用 言とは異なり，ㄹに変わった後に脱落は起こりません．例：들다「持つ， 挙げる」+ -(으)ㄴ → 든

- 내일 **다시** 말씀드릴게요. 明日もう一度お話しします.
- 미연 선배가 **아직** 안 왔어요. ミヨン先輩がまだ来ていません.
- 제가 **먼저** 얘기했거든요. 私が先に話したんですよ.
- 비행기가 **곧** 도착할 겁니다. 飛行機が間もなく到着するでしょう.
- 오늘은 약속이 있어서 **일찍** 일어났어요.
  今日は約束があって早く起きました.
- 친구들이 **벌써** 집에 와 있었어요. 友人たちがもう家に来ていました.
- **아직까지** 연락이 없어요. いまだに連絡がありません.

085　コミュニケーションを表す動詞（1）

韓国語	漢字	品詞	日本語	重要度
□ 말하다		動	言う，話す	**
			①말하고 ②말하면/(말하세요→말씀하세요) ③말해요	
□ 이야기하다		動	話をする	**
			①이야기하고 ②이야기하면/이야기하세요 ③이야기해요	
□ 얘기하다		動	話をする（이야기하다の縮約形）	(**)
			①얘기하고 ②얘기하면/얘기하세요 ③얘기해요	
□ 말씀드리다		動	申し上げる	*
□ 말씀하시다		動	おっしゃる	*
□ 부르다		動	呼ぶ，歌う〈르変〉	*
□ 묻다		動	尋ねる〈ㄷ変〉	*
□ 물어보다		動	尋ねる，聞いてみる	(*)
□ 답하다	〔答-〕	動	答える	*
□ 대답하다	〔對答-〕	動	返事をする	*
□ 설명하다	〔說明-〕	動	説明する	*
□ 인사하다	〔人事-〕	動	挨拶をする	*
□ 전화하다	〔電話-〕	動	電話する	**
			①전화하고 ②전화하면/전화하세요 ③전화해요	
□ 번역하다	〔飜譯-〕	動	翻訳する	*
□ 통하다	〔通-〕	動	通じる	*
□ 발음하다	〔發音-〕	動	発音する	*

- 지난번에 제가 그렇게 **말했잖아요**.
  この前私がそう言ったじゃないですか．
- 어제 그 사람을 만나서 **이야기했어요**.
  昨日その人に会って話しました．
- 그럼 내일 선생님께 **말씀드리겠습니다**.
  では明日先生に申し上げます．
- 사장님이 어제 회의에서 이렇게 **말씀하셨어요**.
  社長が昨日会議でこうおっしゃいました．
- 지은 씨는 말이 잘 안 **통해요**. チウンさんは話がよく通じません．

確認しよう

A 単語の意味を考え，他と異なる単語を一つ選ぼう．

1. ①말　　②대답　　③회화　　④오래
2. ①다시　　②설명　　③인사　　④말씀

B 日本語を参考に，（ ）に当てはまる単語を入れて，文を完成させよう．

1. よく分からないことがあって，<u>まず</u>友だちに<u>尋ねました</u>．
   잘 모르는 것이 있어서 (　　　　　) 친구한테 (　　　　).

2. <u>まず</u>私が<u>話しますね</u>．
   (　　　　) 제가 (　　　　).

3. <u>その間</u>どうお過ごしでしたか？
   (　　　　) 어떻게 지내셨어요？

C 例にならい，用言を活用させてみよう．〔해요体・過去〕

　　例　가다 ➡ 갔어요

1. 말하다　➡
2. 물어보다　➡
3. 묻다　➡
4. 말씀드리다　➡
5. 대답하다　➡
6. 부르다　➡

D 韓国語で書いてみよう．

1. 先輩に挨拶しました．　➡
2. 韓国語で話しましたが，通じませんでした．➡
3. 時間が長い間（時間が長く）かかりました．➡
4. 本の題名は何ですか？　➡

086　コミュニケーションに関わることば（2）　連絡手段

□ 전화	〔電話〕	名	電話	**
□ 전화번호	〔電話番號〕	名	電話番号	*
□ 공중전화	〔公衆電話〕	名	公衆電話	
□ 핸드폰		名	携帯電話	(**)
□ 휴대전화	〔携帶電話〕	名	携帯電話	(**)
□ 휴대폰	〔携帶-〕	名	携帯電話	**
□ 스마트폰		名	スマートフォン	
□ 신문	〔新聞〕	名	新聞	**
□ 편지	〔便紙〕	名	手紙	**
□ 우표	〔郵票〕	名	切手	**
□ 우체국	〔郵遞局〕	名	郵便局	**
□ 인터넷		名	インターネット	*
□ 홈페이지		名	ホームページ	*
□ 메일		名	メール	**
□ 팩스		名	ファックス	*

087　名前に関わることば

□ 이름		名	名前	**
□ 성함	〔姓銜〕	名	お名前（이름の尊敬語）	*
□ 씨	〔氏〕	依	～さん，～氏	**
□ -님		接尾	～様	*

- 민지 **씨**에게 **핸드폰**으로 **전화**를 걸었습니다.
  ミンジさんに携帯電話で電話をかけました．
- **우체국**에서 **우표**를 사서 **편지** 봉투에 붙였어요.
  郵便局で切手を買って，手紙の封筒に貼りました．
- 보내 주신 **메일** 잘 받았습니다.
  お送りくださったメール，受け取りました．
- **인터넷**으로 찾아봤는데 그 사람 **홈페이지**가 안 나오네요.
  インターネットで探してみましたけど，彼のホームページが出てきませんね．
- **성함**이 어떻게 되세요?　お名前は何ですか（どのようになっていますか）？

088　コミュニケーションに関わることば（3）　言語

□ 한국어	〔韓國語〕	名	韓国語	**
□ 한국말	〔韓國-〕	名	韓国語	**
□ 외국어	〔外國語〕	名	外国語	*
□ 일본어	〔日本語〕	名	日本語	**
□ 일본 말	〔日本-〕	表	日本語	**
□ 중국어	〔中國語〕	名	中国語	(**)
□ 중국 말	〔中國-〕	表	中国語	(**)
□ 영어	〔英語〕	名	英語	**
□ 의미	〔意味〕	名	意味	*
□ 글		名	文章	**
□ 문장	〔文章〕	名	文，文章	*
□ 단어	〔單語〕	名	単語	**
□ 글자	〔-字〕	名	文字	*
□ 발음	〔發音〕	名	発音	*
□ 예문	〔例文〕	名	例文	*
□ 한자	〔漢字〕	名	漢字	*
□ 한자어	〔漢字語〕	名	漢字語	(*)

- **한국어 단어**를 많이 아시네요.
  　　　　　韓国語の単語をたくさんご存知でいらっしゃいますねえ.
- 고등학교 때 **외국어** 과목으로 **중국어**를 배웠어요.
  　　　　　高校の時，外国語科目で中国語を習いました.
- 한국에서는 **한자**를 거의 안 써요.
  　　　　　韓国では漢字をほとんど使いません.
- 이 **문장**에서 모르는 **단어**가 있으면 말씀하세요.
  　　　　　この文で分からない単語があればおっしゃってください.
- 다음 **예문**을 발음해 보세요.　　次の例文を発音してみてください.

089 コミュニケーションを表す動詞 (2)

単語	漢字	品詞	意味	
만나다		動	会う	**
			①만나고 ②만나면/만나세요 ③만나요	
뵙다		動	お目にかかる	*
기다리다		動	待つ	**
			①기다리고 ②기다리면/기다리세요 ③기다려요	
시키다		動	させる，(料理など)注文する	**
			①시키고 ②시키면/시키세요 ③시켜요	
싸우다		動	争う，ケンカする	*
돕다		動	手伝う，助ける	
도와주다		動	助けてあげる，手伝う	*
적다		動	書く，記入する(メモをとるなど具体的な行為を指す)	
쓰다		動	書く(小説を書くなどの抽象的な行為も含む)〈으語幹〉	**
			①쓰고 ②쓰면/쓰세요 ③써요	
의미하다	〔意味-〕	動	意味する	*
잃다		動	失う，なくす	*
잃어버리다		動	失う，なくしてしまう	*
축하하다	〔祝賀-〕	動	祝う	**
			①축하하고 ②축하하면/축하하세요 ③축하해요	
실례하다	〔失禮-〕	動	失礼する	**
			①실례하고 ②실례하면/실례하세요 ③실례해요	

- 어제 백화점 앞에서 친구를 **만났어요**.
  昨日デパートの前で友だちに会いました．
- 전화번호는 여기에 **적어** 주세요． 電話番号はこちらにお書きください．
- 생일 **축하합니다**! 誕生日おめでとうございます！
- 늦어서 죄송해요．길을 **잃어버려서**…．오래 **기다렸죠**?
  遅れてすみません．道に迷ってしまって…．ずいぶん待ったでしょう？
- 뭘 **시킬까요**? (飲食店などで)何を注文しましょうか？
- 처음 **뵙겠습니다**． 初めまして（初めてお目にかかります）．

確認しよう

A 単語の意味を考え，他と異なる単語を一つ選ぼう．

1. ①핸드폰　②공중전화　③메일　　④휴대폰
2. ①신문　　②전화　　　③편지　　④팩스
3. ①단어　　②우표　　　③문장　　④글

B 例にならい，用言を活用させてみよう．〔해요体・過去〕

  例　가다 ➡ 갔어요

1. 싸우다 ➡　　　　　　4. 시키다　➡
2. 적다　 ➡　　　　　　5. 만나다　➡
3. 잃다　 ➡　　　　　　6. 기다리다 ➡

C 日本語を参考に，（ ）に当てはまる単語を入れて，文を完成させよう．

1. 連絡先を<u>メール</u>で送ってください．
   연락처를 (　　　　)로 보내 주세요．

2. 友だちが私の誕生日を<u>お祝いして</u>くれました．
   친구가 제 생일을 (　　　　) 줬어요．

3. <u>中国語</u>で長い<u>文</u>を<u>書きました</u>．
   (　　　　)로 긴 (　　　　)을 (　　　　)．

D 韓国語で書いてみよう．

1. 韓国語には漢字語がたくさんあります．　➡
2. 彼は英語も上手だし，日本語も上手です．➡
3. 切手を手紙に貼りました．　　　　　　　➡
4. 最近はインターネットで新聞を読みます．➡

090　心の動きに関わることば

□ 마음		名	心	**
□ 사랑		名	愛，愛情	**
□ 기분	〔氣分〕	名	気分	**
□ 관심	〔關心〕	名	関心	*
□ 걱정		名	心配	*
□ 재미		名	面白み	
□ 화		名	怒り，憤り	
□ 마음속		名	心の中	(**)
□ 수고		名	苦労	*
□ 감사	〔感謝〕	名	感謝	(**)

091　性格・性状を表す形容詞

□ 어리다		形	幼い	*
□ 젊다		形	若い	*
□ 바쁘다		形	忙しい〈으語幹〉	**
			①바쁘고 ②바쁘면/바쁘세요 ③바빠요	
□ 어둡다		形	暗い〈ㅂ変〉	*
□ 복잡하다	〔複雜-〕	形	複雑だ，混雑している	
□ 밝다		形	明るい	*
□ 조용하다		形	静かだ	
□ 친절하다	〔親切-〕	形	親切だ	

- 너무 그렇게 **화**를 내지 마세요． あまりそんなに怒らないでください．
- **수고**가 많으셨습니다．

　　　　　　　　　お疲れさまでした（ご苦労が多くていらっしゃいました）．

- 가족들의 **사랑**을 많이 받고 자랐습니다．

　　　　　　　　　家族の愛情をたくさん受けて育ちました．

- 저는 이 노래가 **마음**에 들어요． 　私はこの歌が気に入っています．
- 교수님은 나이보다 **젊어** 보이세요． 先生は歳よりお若く見えます．

092 　心の動きを表す形容詞

□ 고맙다		形	有難い〈ㅂ変〉	**
			①고맙고 ②고마우면 / 고마우세요 ③고마워요	
□ 즐겁다		形	楽しい〈ㅂ変〉	
□ 미안하다	〔未安-〕	形	すまない	**
			①미안하고 ②미안하면 / 미안하세요 ③미안해요	
□ 죄송하다	〔罪悚-〕	形	申し訳ない	**
			①죄송하고 ②죄송하면 / 죄송하세요 ③죄송해요	
□ 기쁘다		形	嬉しい〈으語幹〉	*
□ 시원하다		形	さっぱりしている	
□ 반갑다		形	懐かしい,（人に会って）嬉しい〈ㅂ変〉	**
			①반갑고 ②반가우면 / 반가우세요 ③반가워요	
□ 슬프다		形	悲しい, かわいそうだ〈으語幹〉	*
□ 편하다	〔便-〕	形	楽だ, 便利だ	*
□ 편안하다	〔便安-〕	形	無事だ, 安らかだ	*
□ 재미있다		存	面白い, 興味がある	**
			①재미있고 ②재미있으면 / 재미있으세요 ③재미있어요	
□ 재미없다		存	面白くない, つまらない	**
			①재미없고 ②재미없으면 / 재미없으세요 ③재미없어요	

- 지난번에 도와줘서 **고마워요**.

  この前は助けてくれてありがとうございます.

- 친구하고 식사도 하고 **재미있는** 영화도 보고 정말 **즐거운** 시간을 보냈어요.

  友人と食事もして, 面白い映画も見て, 本当に楽しい時間を過ごしました.

- **슬픈** 소식을 듣고 마음이 아팠어요.

  悲しい知らせを聞いて, 胸が痛みました（心が痛かったです）.

- 만나서 **반갑습니다**.　　　会えて嬉しいです.
- 혼자 사니까 마음이 **편해요**.　一人で住んでいるから気が楽です.

093　様態などを表す副詞

□	건강히	〔健康-〕	副	健康に	(*)
□	절대로	〔絶對-〕	副	絶対に	*
□	같이		副	一緒に	**
□	함께		副	共に，同時に	*
□	그냥		副	そのまま，ただ，何となく	*
□	서로		副 名	互いに	*
□	그대로		副 名	そのまま	*
□	꼭		副	必ず，きっと，ぜひ	*
□	갑자기		副	急に，突然	*
□	빨리		副	はやく	**
□	열심히	〔熱心-〕	副	熱心に，一生懸命	*
□	아마		副	恐らく，たぶん	*
□	아마도		副	恐らく，たぶん（強調）	*
□	천천히		副	ゆっくり	**
□	똑바로		副	まっすぐに，正直に，率直に	

- **같이** 못 가서 미안해요.　　　一緒に行けなくてごめんなさい.
- 힘들 때 **서로** 도와주는 것이 친구가 아닐까요?
　　　　　　辛い時に互いに助けてあげるのが友だちじゃないでしょうか？
- 이쪽으로 **빨리** 오세요.　　　こちらに早く来てください.
- **열심히** 공부하지 않으면 **절대로** 시험에 붙을 수 없어요.
　　　　　　一生懸命勉強しなければ，絶対に試験に受かりません.
- 아까 왜 **갑자기** 나가 버렸어요?
　　　　　　さっきどうして急に出ていってしまったのですか？
- 우리 집에 **꼭** 한번 놀러 오세요.　うちにぜひ一度遊びに来てください.
- **아마 그대로** 남아 있을 거예요.
　　　　　　たぶんそのまま残っていると思います.

確認しよう

A 示された慣用句がどんな意味か考えて，線で結んでみよう．

1. 마음을 먹다 ・　　　　　・ 腹が立つ
2. 화가 나다 ・　　　　　・ 気がある
3. 관심이 있다 ・　　　　　・ 決心する

B 日本語を参考に，（ ）に当てはまる単語を入れて，文を完成させよう．

1. 今は映画に関心があります（多いです）．
   지금은 영화에 （　　　　）이 많아요．

2. ゆっくり食べたけど，お腹が痛いです．
   （　　　　）먹었지만 배가 （　　　　）．

3. チウンさんがちょっと心配ですね（心配になりますね）．
   지은 씨 좀 （　　　　）이 되네요．

C 例にならい，用言を活用させてみよう．〔해요체・現在〕

   例 가다 ➡ 가요

1. 미안하다 ➡　　　　　　4. 시원하다 ➡
2. 슬프다 ➡　　　　　　　5. 재미없다 ➡
3. 고맙다 ➡　　　　　　　6. 조용하다 ➡

D 韓国語で書いてみよう．

1. 昨日小学校の時の友だちに会って，すごく嬉しかったです．
   ➡

2. 仕事が終わって，気が（心が）楽です．　➡

3. 先週までかなり忙しかったです．　➡

まとめ ⑤ 文法編・その3

■ **変則活用のまとめ**

本書で扱っていないものも含めて，一覧の形で整理します．

	基本形	①-죠?	①-네요
ㄹ語幹 (p.122)	만들다 作る	만들죠? 作るでしょう？	만드네요 作りますね
으語幹 (p.74)	바쁘다 忙しい	바쁘죠? 忙しいでしょう？	바쁘네요 忙しいですね
	예쁘다 きれいだ	예쁘죠? きれいでしょう？	예쁘네요 きれいですね
르変則 (p.82)	빠르다 はやい	빠르죠? はやいでしょう？	빠르네요 はやいですね
	부르다 呼ぶ，歌う	부르죠? 呼ぶでしょう？	부르네요 呼びますね
ㄷ変則 (p.99)	듣다 聞く	듣죠? 聞くでしょう？	듣네요 聞きますね
ㅂ変則 (p.95)	덥다 暑い	덥죠? 暑いでしょう？	덥네요 暑いですね
ㅅ変則	낫다 ましだ	낫죠? ましでしょう？	낫네요 ましですね
ㅎ変則 (p.118)	그렇다 そのようだ	그렇죠? そうでしょう？	그렇네요 そうですね

★ -ㅂ니다・-습니다「～です，～ます」や-ㅂ니까?・-습니까?「～ですか，～ますか」は変則活用の用言につく場合でも，子音語幹の場合には-습니다，-습니까?が，母音語幹とㄹ語幹（ㄹが脱落する）には-ㅂ니다，-ㅂ니까?がつきます．

＊ 表中，水色のところは通常の活用と異なる部分です．

② -(으)ㄴ	② -(으)면	③ -아요/어요
만든 作った…	만들면 作れば	만들어요 作ります
바쁜 忙しい…	바쁘면 忙しければ	바빠요 忙しいです
예쁜 きれいな…	예쁘면 きれいなら	예뻐요 きれいです
빠른 はやい…	빠르면 はやければ	빨라요 はやいです
부른 呼んだ…	부르면 呼べば	불러요 呼びます
들은 聞いた…	들으면 聞けば	들어요 聞きます
더운 暑い…	더우면 暑ければ	더워요 暑いです
나은 ましな…	나으면 ましなら	나아요 ましです
그런 そのような…	그러면 そのようなら	그래요 そうです

★ ㅎ変則活用の用言に③のタイプの語尾がつく場合，一部の用言は語幹末の母音が以下のように変わります：
　　거멓다「薄黒い」＋ -아요/어요　→　거메요（語幹末の母音が ㅓ・一部）
　　하얗다「白い」　 ＋ -아요/어요　→　하얘요（語幹末の母音が ㅑ）
　　부옇다「不透明だ」＋ -아요/어요　→　부예요（語幹末の母音が ㅕ）

094 授受・売買を表す動詞

□ 받다		動	受け取る，もらう	**
			①받고 ②받으면/받으세요 ③받아요	
□ 주다		動	与える	**
			①주고 ②주면/주세요 ③줘요	
□ 찾다		動	探す，訪問する	**
			①찾고 ②찾으면/찾으세요 ③찾아요	
□ 팔다		動	売る	**
			①팔고 ②팔면/파세요 ③팔아요	
□ 사다		動	買う	**
			①사고 ②사면/사세요 ③사요	
□ 보내다		動	送る，過ごす	**
			①보내고 ②보내면/보내세요 ③보내요	
□ 얻다		動	得る，もらう	*
□ 바꾸다		動	替える，交換する，変更する	*
□ 빌리다		動	借りる	*
□ 빌려주다		動	貸す	(*)
□ 선물하다	〔膳物-〕	動	プレゼントする	**
			①선물하고 ②선물하면/선물하세요 ③선물해요	
□ 드리다		動	差し上げる	*
□ 돌려주다		動	返す	*
□ 들다		動	（費用が）かかる	*

- 그 한국어 사전 어디서 **팔아요**?
  その韓国語の辞典，どこで売ってますか？
- 이거 여기서 **샀는데** 해외로 **보낼** 수 있어요?
  これここで買ったんですけど，海外に送ることができますか？
- 친구한테 **빌린** 책을 **돌려줬어요**. 友だちに借りた本を返しました．
- 선배에게 생일 선물을 **받았습니다**.
  先輩に誕生日プレゼントをもらいました．

095 評価に関わる形容詞(1)

3-29

□ 좋다		形	良い	**
			①좋고 ②좋으면/좋으세요 ③좋아요	
□ 싫다		形	嫌だ	**
			①싫고 ②싫으면/싫으세요 ③싫어요	
□ 나쁘다		形	悪い〈으語幹〉	**
			①나쁘고 ②나쁘면/나쁘세요 ③나빠요	
□ 쉽다		形	容易だ，簡単だ，易しい〈ㅂ変〉	**
			①쉽고 ②쉬우면/쉬우세요 ③쉬워요	
□ 어렵다		形	難しい，困難だ〈ㅂ変〉	**
			①어렵고 ②어려우면/어려우세요 ③어려워요	
□ 괜찮다		形	構わない，大丈夫だ，良い	**
			①괜찮고 ②괜찮으면/괜찮으세요 ③괜찮아요	
□ 중요하다	〔重要-〕	形	重要だ	*
□ 가능하다	〔可能-〕	形	可能だ	*
□ 옳다		形	正しい	
□ 유명하다	〔有名-〕	形	有名だ	
□ 필요하다	〔必要-〕	形	必要だ	*

✔ 〈尊敬〉の表現 ── 目上の相手の動作を高める〈尊敬〉の意味を表すには，接尾辞-(으)시-を語幹と語尾との間に入れます．아/어を選ぶタイプの語尾では縮約が起きて-(으)셔-という形になりますが，-아요/어요がつく場合のみ，-(으)세요という形になります．

3-30

- 여기는 **유명한** 집인데 값도 싸고 맛도 **괜찮아요**.
  ここは有名な店ですが，値段も安くて味も良いです．

- 문장을 쓰는 건 **쉽지만** 발음이 **어려워요**.
  文を書くのは易しいですが，発音が難しいです．

- **가능하면** 빨리 보내 주세요.　　可能なら早く送ってください．

- **필요한** 게 있으시면 말씀하세요.
  必要なものがおありでしたらおっしゃってください．

113

096 評価に関わる形容詞（2）

□	같다	形	同じだ	**
			①같고 ②같으면 / 같으세요 ③같아요	
□	다르다	形	違う，異なる	*
□	비슷하다	形	似ている	*
□	아름답다	形	美しい	*
□	예쁘다	形	可愛い，きれいだ	*
□	똑같다	形	全く同じだ	
□	깨끗하다	形	きれいだ，清潔だ	
□	멋있다	存	素敵だ	*

097 運動・スポーツに関わることば

□	운동	〔運動〕	名	運動	**
□	스포츠		名	スポーツ	**
□	팀		名	チーム	
□	선수	〔選手〕	名	選手	*
□	시합	〔試合〕	名	試合	*
□	공		名	ボール	*
□	축구	〔蹴球〕	名	サッカー	**
□	야구	〔野球〕	名	野球	**
□	수영	〔水泳〕	名	水泳	
□	테니스		名	テニス	*
□	태권도	〔跆拳道〕	名	テコンドー	
□	스키		名	スキー	
□	농구	〔籠球〕	名	バスケットボール	*
□	배구	〔排球〕	名	バレーボール	*
□	탁구	〔卓球〕	名	卓球	*

- **선수**들이 뛰는 모습이 **멋있지** 않아요?

  選手たちが駆ける姿が素敵じゃないですか？

- 이번 겨울에는 **스키**를 타러 갈 거예요.

  今度の冬はスキーをしに行くつもりです。

確認しよう

A 単語の意味を考え，対義語を線で結んでみよう．

1. 싫다　・　　　　　　　　・ 팔다
2. 사다　・　　　　　　　　・ 돌려주다
3. 쉽다　・　　　　　　　　・ 좋다
4. 빌리다 ・　　　　　　　・ 어렵다

B 日本語を参考に，（　）に当てはまる単語を入れて，文を完成させよう．

1. <u>有名な</u>人が書いた本ですが，内容も<u>良いです</u>．
　　（　　　　）사람이 쓴 책인데 내용도 （　　　　　）．

2. <u>チーム・スポーツ</u>はやはり<u>難しいですね</u>．
　　（　　　　）（　　　　　）는 역시 （　　　　　）．

3. <u>似たような</u>価格で<u>売っています</u>．
　　（　　　　）가격에 （　　　　　）．

C 例にならい，用言を活用させてみよう．〔形容詞の現在連体形〕

　例　좋다 ➡ 좋은

1. 괜찮다 ➡　　　　　　4. 아름답다 ➡
2. 어렵다 ➡　　　　　　5. 예쁘다　➡
3. 나쁘다 ➡　　　　　　6. 똑같다　➡

D 韓国語で書いてみよう．

1. どんなものお探しですか？　　　　➡
2. お菓子を買って友だちにプレゼントしました．➡
3. 明日は重要な試合があります．　　➡

098　知覚に関わる動詞

□ 보다	動	見る，会う	**
		①보고 ②보면 / 보세요 ③봐요	
□ 보이다	動	見える，見せる	*
□ 느끼다	動	感じる	*
□ 들리다	動	聞こえる	*
□ 알아듣다	動	聞き取る，理解する〈ㄷ変〉	*
□ 꾸다	動	夢を見る	*
□ 꿈꾸다	動	夢見る	(*)
□ 놀라다	動	驚く	*

099　心の動きを表す動詞

□ 좋아하다	動	好む，喜ぶ	**
		①좋아하고 ②좋아하면 / 좋아하세요 ③좋아해요	
□ 싫어하다	動	嫌う	**
		①싫어하고 ②싫어하면 / 싫어하세요 ③싫어해요	
□ 사랑하다	動	愛する	**
		①사랑하고 ②사랑하면 / 사랑하세요 ③사랑해요	
□ 걱정하다	動	心配する	*
□ 걱정되다	動	心配になる	*
□ 감사하다 〔感謝-〕	動 形	感謝する，ありがたい	**
		①감사하고 ②감사하면 / 감사하세요 ③감사해요	
□ 수고하다	動	苦労する	*

- 텔레비전에서 축구 **보는** 걸 **좋아해요**.
  テレビでサッカー見るのが好きです（見るのを好みます）．
- **사랑하는** 사람이 생겼어요.　　　　　　好きな人ができました．
- 친구 중에 드라마를 **싫어하는** 사람이 많아서 좀 **놀랐어요**.
  友だちの中にドラマが嫌いな（ドラマを嫌う）人が多くてちょっと驚きました．
- 야구 선수 사진이에요? 좀 **보여** 주세요.
  野球選手の写真ですか？　ちょっと見せてください．

100 知覚を表すことば

□ 모양	〔模様〕	名	形, 様子	*
□ 색	〔色〕	名	色	*
□ 색깔	〔色-〕	名	色	*
□ 흰색	〔-色〕	名	白色, 白	(*)
□ 검은색	〔-色〕	名	黒色, 黒	(*)
□ 노란색	〔-色〕	名	黄色, 黄	
□ 빨간색	〔-色〕	名	赤色, 赤	
□ 파란색	〔-色〕	名	青色, 青	
□ 점	〔點〕	名 依	点, 〜点	*
□ 소리		名	音, 声	**
□ 목소리		名	声	*
□ 냄새		名	におい	*

✔「〜が好きだ」「〜が嫌いだ」——日本語の「〜が好きだ」「〜が嫌いだ」に当たる表現として，-를/을 좋아하다「〜を好む」，-를/을 싫어하다「〜を嫌う」があります．日本語の「〜が」に対し韓国語は-를/을が使われており，一見対応していないように見えますが，日本語では「〜を好む」「〜を嫌う」という表現より，「〜が好きだ」「〜が嫌いだ」という表現が多く使われるため，-를/을 좋아하다を「〜が好きだ」，-를/을 싫어하다を「〜が嫌いだ」と訳しているわけです．-를/을 잘하다「〜を上手にする」を「〜が上手だ」とするのも，同じような理由です．

- 저는 **흰색** 옷을 좋아합니다． 私は白色の服が好きです．
- 모두 **모양**도 다르고 **색깔**도 달라요． 全部形も違うし色も違います．
- 어디서 **냄새**가 나지 않아요？ どこかからにおいがしませんか？
- 그 사람이 낮은 **목소리**로 말했습니다． 彼が低い声で言いました．
- 아이가 우는 **소리**가 들렸어요． 子どもの泣く声が聞こえました．
- 나한테 **빨간색**은 잘 안 어울려요． 私に赤はよく似合いません．

101 知覚に関わる形容詞

	희다	形	白い	*
	검다	形	黒い	*
	노랗다	形	黄色い 〈ㅎ変〉	
	빨갛다	形	赤い 〈ㅎ変〉	
	파랗다	形	青い 〈ㅎ変〉	
	맛있다	存	おいしい	**

①맛있고 ②맛있으면 / 맛있으세요 ③맛있어요

| | 맛없다 | 存 | まずい | ** |

①맛없고 ②맛없으면 / 맛없으세요 ③맛없어요

102 指示を表す形容詞

	이렇다	形	このようだ (이러하다の縮約形) 〈ㅎ変〉
	이러하다	形	このようだ
	그렇다	形	そのようだ (그러하다の縮約形) 〈ㅎ変〉
	그러하다	形	そのようだ
	저렇다	形	あのようだ (저러하다の縮約形) 〈ㅎ変〉
	저러하다	形	あのようだ
	어떻다	形	どのようだ (어떠하다の縮약形) 〈ㅎ変〉
	어떠하다	形	どのようだ

✓ **ㅎ変則活用の用言** ─語幹がㅎ (히읗) で終わる用言の一部は，으で始まる語尾がつく場合，語幹末のㅎと語尾の으が脱落します．また，아/어の系列を選択する語尾がつく場合はㅎが脱落し，語幹末の母音ㅏ/ㅓがㅐに変わります．例：그렇다「そのようだ」＋ -(으) 면 → 그러면, 이렇다「このようだ」＋ -아요/어요 → 이래요

- **파란** 색깔은 시원한 이미지를 줍니다.
  青い色はさっぱりしたイメージを与えます.
- **이렇게 맛있는** 삼계탕은 처음 먹어 봤어요.
  こんなにおいしいサムゲタンは初めて食べました.
- 그동안 **어떻게** 지냈어요?　その間どのように過ごしていましたか？

確認しよう

A 示された日本語に該当する韓国語の単語を書いてみよう．

1. 赤色　　　（　　　　　　　）
2. 黒色　　　（　　　　　　　）
3. 黄色　　　（　　　　　　　）
4. 青色　　　（　　　　　　　）
5. 白色　　　（　　　　　　　）

B 例にならい，用言を活用させてみよう．〔形容詞の現在連体形〕

例　좋다 ➡ 좋은

1. 희다　➡
2. 빨갛다　➡
3. 노랗다　➡
4. 이러하다　➡
5. 그렇다　➡
6. 검다　➡

C 日本語を参考に，（　）に当てはまる単語を入れて，文を完成させよう．

1. 私は<u>黒い</u>傘を差し，子どもは<u>黄色い</u>傘を差しました．
   저는（　　　　）우산을 쓰고,
   아이는（　　　　）우산을 썼어요.

2. 料理が<u>おいしそうに見えます</u>．
   요리가（　　　　）（　　　　）.

3. <u>心配してくださって</u><u>ありがとうございます（感謝します）</u>．
   （　　　　）주셔서（　　　　）.

D 韓国語で書いてみよう．

1. 本当にお疲れさまでした（ご苦労なさいました）．　➡
2. 黄色は好きではありません（好みません）．　➡
3. こういう色は大好きです（だいぶ好みます）．　➡

103 　職業に関わることば

직업	〔職業〕	名	職業	*
회사원	〔會社員〕	名	会社員	*
부장	〔部長〕	名	部長	*
부장님	〔部長-〕	名	部長（呼びかけなど敬称として）	(*)
사장	〔社長〕	名	社長	*
사장님	〔社長-〕	名	社長（呼びかけなど敬称として）	(*)
경찰	〔警察〕	名	警察	
경찰관	〔警察官〕	名	警察官	
주인	〔主人〕	名	主人，(物の) 所有者，持ち主	
의사	〔醫師〕	名	医師，医者	**
스타		名	スター	*
가수	〔歌手〕	名	歌手	*
주부	〔主婦〕	名	主婦	*
군인	〔軍人〕	名	軍人	
소설가	〔小說家〕	名	小説家	(*)
간호사	〔看護師〕	名	看護師	
음악가	〔音樂家〕	名	音楽家	(*)
만화가	〔漫畫家〕	名	漫画家	(*)

- **의사** 선생님한테 가 봤는데 아무 이상이 없다고 하세요.
  お医者さんの先生のところに行ってみましたけど，何の異常もないそうです。
- **부장님**, 메일 드렸는데 보셨어요?
  部長，メール差し上げたんですがご覧になりましたか？
- 거리에 **경찰**들이 모여 있었습니다. 通りに警察が集まっていました。
- 우리 하숙집 **주인** 아저씨는 정말 친절하세요.
  うちの下宿のご主人は本当に親切です。

104　問題解決・業務に関わることば (1)

□ 사회	〔社會〕	名	社会	*
□ 문제	〔問題〕	名	問題	**
□ 문제점	〔問題點〕	名	問題点	(*)
□ 계획	〔計劃〕	名	計画	*
□ 회의	〔會議〕	名	会議	*
□ 결정	〔決定〕	名	決定	*
□ 질문	〔質問〕	名	質問	*
□ 지도	〔指導〕	名	指導	*
□ 초대	〔招待〕	名	招待	
□ 발표	〔發表〕	名	発表	*
□ 발표회	〔發表會〕	名	発表会	(*)
□ 프린트		名	プリント	*

✔ **固定された形の表現** ——用言の形が固定されて用いられる表現があります.
-에 관해(서)「～に関して」, -에 관한「～に関する」, -에 대해(서)「～に対して, ～について」, -에 대한「～に対する, ～についての」, -를/을 위해(서)「～のために」, -를/을 위한「～のための」, -기 위해(서)「～するために」, -기 위한「～するための」, -에 따라(서)「～により, ～につれて, ～に従い」, -에 따른「～による」

- **문제**를 몇 개 풀었어요? 　問題を何個解きましたか？
- 이번 **회의**에서는 **사회 문제**에 관한 **발표**가 있을 것입니다.
　　　　　　　　今度の会議では社会問題に関する発表がある予定です.
- **질문**이 있으신 분은 손을 들어 주세요.
　　　　　　　　質問がおありの方は手を挙げてください.
- 이번 방학 때 **계획**을 세워 봤어요.
　　　　　　　　今度の休みの時の計画を立ててみました.
- 선수들 **지도**에 대해 **결정**을 내렸습니다.
　　　　　　　　選手の指導について決定を下しました.

121

105 問題解決・業務に関わる動詞(1)

□ 발표하다	〔發表-〕	動	発表する	*
□ 발표되다	〔發表-〕	動	発表される	*
□ 결정하다	〔決定-〕	動	決定する	*
□ 결정되다	〔決定-〕	動	決定される	*
□ 준비하다	〔準備-〕	動	準備する	*
□ 준비되다	〔準備-〕	動	準備される	*
□ 설명되다	〔說明-〕	動	説明される	*
□ 계획하다	〔計劃-〕	動	計画する	
□ 초대하다	〔招待-〕	動	招待する	
□ 지도하다	〔指導-〕	動	指導する	*
□ 문제되다	〔問題-〕	動	問題化する	**

　①문제되고 ②문제되면/문제되세요 ③문제돼요

□ 질문하다	〔質問-〕	動	質問する	*

✔ **ㄹ語幹の用言** ―들다「入る」や길다「長い」など、語幹がㄹ（리을）で終わるㄹ語幹の用言に、ㄴ、ㅂ、ㅅ、パッチムのㄹ、오で始まる語尾がつくと、語幹末のㄹが脱落します。例：놀다「遊ぶ」+ -는 → 노는、길다「長い」+ -ㅂ니다・습니다 → 깁니다、살다「住む、生きる」+ -(으)세요 → 사세요、만들다「作る」+ -(으)ㄹ까요 → 만들까요、上記以外の語尾ではㄹが脱落せず、으で始まる語尾がつく際には으が現れません。例：놀다+ -(으)러 → 놀러、길다+ -(으)면 → 길면、만들다+ -아요/어요 → 만들어요

- 그것은 이미 **결정되었습니다**.　それはもう決定されました.
- 그럼 저희 계획을 **발표하겠습니다**.

　　　　　　　　　　　　それでは私どもの計画を発表します.

- 제가 다 **준비해** 놓았어요.　私が全部準備しておきました.
- 하나만 **질문해도** 될까요?　一つだけ質問してもよいでしょうか?
- 모든 것이 여기에 **설명되어** 있어요.

　　　　　　　　　　　　全てのことがここに説明されています.

確認しよう

A 単語の意味を考え，他と異なる単語を一つ選ぼう．

1. ①의사　　②경찰관　　③간호사　　④회의
2. ①발표　　②질문　　　③부장　　　④문제
3. ①스타　　②초대　　　③가수　　　④음악가

B 日本語を参考に，（　）に当てはまる単語を入れて，文を完成させよう．

1. <u>計画</u>に<u>問題</u>が生じました．
   (　　　　)에 (　　　　)가 생겼습니다．

2. 4月から<u>会社員</u>になります．
   사월부터 (　　　　)이 돼요．

3. 姉の好きな<u>歌手</u>が新しいアルバムを<u>発表しました</u>．
   언니가 좋아하는 (　　　　)가 새 앨범을 (　　　　)．

C 例にならい，用言を活用させてみよう．〔합니다体・現在〕

例　가다 ➡ 갑니다

1. 설명되다 ➡　　　　3. 결정되다 ➡
2. 발표되다 ➡　　　　4. 계획하다 ➡

D 韓国語で書いてみよう．

1. 指導の計画を発表しました．　　➡
2. 問題点について質問するつもりです．➡
3. 来週の発表会，準備しましたか？　➡
4. うちの母は主婦です．　　　　　➡

106　問題解決・業務に関わることば（2）

컴퓨터		名	コンピュータ	**
이해	〔理解〕	名	理解	*
예정	〔豫定〕	名	予定	*
준비	〔準備〕	名	準備	*
약속	〔約束〕	名	約束	*
이용	〔利用〕	名	利用	*
사용	〔使用〕	名	使用	
계산	〔計算〕	名	計算	*
연습	〔練習〕	名	練習	*
연락	〔連絡〕	名	連絡	*
소개	〔紹介〕	名	紹介	*
부탁	〔付託〕	名	頼み，お願い，依頼	**
독서	〔讀書〕	名	読書	*

- 아직 **준비**가 잘 안돼서 자신이 없어요.
  　　　　まだ準備がうまくできていなくて，自信がありません．
- **부탁**이 하나 있는데 들어 주시겠어요?
  　　　　お願いが一つあるんですが，聞いていただけないでしょうか？
- 선배한테 **소개**를 받았어요.
  　　　　先輩に紹介されました（紹介を受けました）．
- 그럼 내일 아침에 다시 **연락** 주세요.
  　　　　じゃあ明日の朝にまた連絡ください．
- **컴퓨터 이용**에 관한 설명을 들었어요.
  　　　　コンピュータの利用に関する説明を聞きました．
- 다른 **약속**이 있어서 파티에 못 가요.
  　　　　他の約束があってパーティーに行けません．

107 問題解決・業務に関わる動詞（2）

□ 이용하다	〔利用-〕	動	利用する	*
□ 이용되다	〔利用-〕	動	利用される	*
□ 사용하다	〔使用-〕	動	使用する，使う	
□ 이해하다	〔理解-〕	動	理解する	*
□ 이해되다	〔理解-〕	動	理解される	*
□ 정하다	〔定-〕	動	定める，決める	*
□ 노력하다	〔努力-〕	動	努力する	*
□ 소개하다	〔紹介-〕	動	紹介する	*
□ 소개되다	〔紹介-〕	動	紹介される	*
□ 약속하다	〔約束-〕	動	約束する	*
□ 계산하다	〔計算-〕	動	計算する	*
□ 부탁하다	〔付託-〕	動	頼む，お願いする，依頼する	**
	①부탁하고 ②부탁하면 / 부탁하세요 ③부탁해요			
□ 부탁드리다	〔付託-〕	動	お願い申し上げる	(**)
□ 연락하다	〔連絡-〕	動	連絡する	*
□ 예정되다	〔予定-〕	動	予定される	*
□ 연습하다	〔練習-〕	動	練習する	*

- 회의 날짜는 **정했어요**? 　　会議の日付は決めましたか？

- 앞으로 잘 **부탁드립니다**. 　　これからよろしくお願い申し上げます.
- 많이 **연습하고 노력했는데** 결과는 아직 잘 모르겠습니다.
  　　　　　　たくさん練習して努力しましたが，結果はまだよく分かりません.
- 아주머니, 여기 **계산해** 주세요.
  　　（飲食店などで）おばさん，ここお勘定お願いします（計算してください）.
- 다음 발표는 오후 네 시로 **예정되어** 있습니다.
  　　　　　　　　次の発表は午後4時に予定されています.

108 切断・増減を表す動詞

□ 남다	動	残る *
□ 떨어지다	動	落ちる,離れる *
□ 나누다	動	分ける *
□ 풀다	動	解く,和らげる *
□ 끊다	動	切る *
□ 깎다	動	削る,(値段を)まける *
□ 모으다	動	集める,ためる〈으語幹〉 *
□ 모이다	動	集まる,たまる *
□ 붙이다	動	付ける,貼る *
□ 붙다	動	付く,(試験に)受かる *
□ 늘다	動	増える,(勢いなど)増す,(実力など)伸びる *
□ 모자라다	動	不足する,足りない *
□ 켜다	動	(火,電気など)つける *
□ 끄다	動	(火,電気など)消す〈으語幹〉 *
□ 지우다	動	(字や絵,跡など)消す
□ 비다	動	空く *

- 밥이 많이 **남았어요**.　　ご飯がたくさん残っています(残りました).
- 좀 비싸요. **깎아** 주세요.　　ちょっと高いです.まけてください.
- 돈을 **모았는데** 좀 **모자랐어요**.
　　　　　　　　　お金を集めましたが,少し足りませんでした.
- 한국어를 공부하는 사람이 계속 **늘고** 있습니다.
　　　　　　　　　韓国語を勉強する人が引き続き増えています.
- 라디오를 **끄고** 텔레비전을 **켰어요**.
　　　　　　　　　ラジオを消して,テレビをつけました.
- 케이크를 **나눠서** 먹어요.　　ケーキを分けて食べましょう.
- 제가 먼저 전화를 **끊었어요**.　　私が先に電話を切りました.

確認しよう

A 示された日本語に該当する韓国語の単語を書いてみよう．

1. お願い，頼み　　　（　　　　　　　）
2. 定める　　　　　　（　　　　　　　）
3. 不足する，足りない（　　　　　　　）
4. 計算　　　　　　　（　　　　　　　）

B 例にならい，用言を活用させてみよう．〔해요体・過去〕

　　例　가다 ➡ 갔어요

1. 켜다　➡　　　　　4. 붙다　　➡
2. 끄다　➡　　　　　5. 소개하다 ➡
3. 끊다　➡　　　　　6. 나누다　➡

C 日本語を参考に，（　）に当てはまる単語を入れて，文を完成させよう．

1. 韓国語の実力が伸びました．
   한국어 실력이 (　　　　　)．

2. コンピュータの使用について，何回聞いても理解ができません．
   (　　　　) (　　　　)에
   대해 몇 번 들어도 (　　　　)가 안 돼요．

3. 3回も計算しましたが，お金が足りません．
   세 번이나 (　　　　) 돈이 (　　　　)．

D 韓国語で書いてみよう．

1. 電話を切って，コンピュータをつけました．➡
2. 約束の時間を決めました．　　　　　　　➡
3. たくさん努力して，試験に受かりました．➡

109 動物

□ 동물	〔動物〕	名 動物	*
□ 개		名 イヌ	**
□ 고양이		名 ネコ	**
□ 소		名 ウシ	**
□ 말		名 ウマ	
□ 돼지		名 ブタ	**
□ 쥐		名 ネズミ	
□ 곰		名 クマ	
□ 여우		名 キツネ	
□ 새		名 鳥	**
□ 닭		名 ニワトリ	**
□ 오리		名 アヒル, カモ	
□ 물고기		名 魚	*

✔ **辞書の引き方（1）**―辞書を引くためには，字母がどのような順序で並んでいるか，知っておく必要があります．大韓民国の一般的な辞書における字母の排列は，以下の通りです．

初声（子音）：ㄱ ㄲ ㄴ ㄷ ㄸ ㄹ ㅁ ㅂ ㅃ ㅅ ㅆ ㅇ ㅈ ㅉ ㅊ ㅋ ㅌ ㅍ ㅎ

中声（母音）：ㅏ ㅐ ㅑ ㅒ ㅓ ㅔ ㅕ ㅖ ㅗ ㅘ ㅙ ㅚ ㅛ ㅜ ㅝ ㅞ ㅟ ㅠ ㅡ ㅢ ㅣ

終声（子音）：ㄱ ㄲ ㄳ ㄴ ㄵ ㄶ ㄷ ㄹ ㄺ ㄻ ㄼ ㄽ ㄾ ㄿ ㅀ ㅁ ㅂ ㅄ ㅅ ㅆ ㅇ ㅈ ㅊ ㅋ ㅌ ㅍ ㅎ

- 우리 집에서 옛날에 **닭** 한 마리를 키웠어요.
  うちで昔ニワトリを一羽飼っていました．
- 한국 사람들 중에 **개**를 좋아하는 사람이 많을까요, 아니면 **고양이**를 좋아하는 사람이 많을까요?
  韓国人の中でイヌを好む人が多いでしょうか，それともネコを好む人が多いでしょうか？
- **여우**에 대해서 어떤 이미지를 가지고 있습니까?
  キツネについてどんなイメージを持っていますか？

110 変動・思考に関わることば

□ 생각		名	考え，思い	**
□ 지식	〔知識〕	名	知識	*
□ 기억	〔記憶〕	名	記憶	*
□ 주의	〔注意〕	名	注意	*
□ 뜻		名	意味，意志	*
□ 꿈		名	夢	*
□ 꿈속		名	夢の中	(*)
□ 잘못		名 副	間違い，間違って	*
□ 위험	〔危險〕	名	危険	
□ 이상	〔異常〕	名	異常	*
□ 발전	〔發展〕	名	発展	*
□ 방법	〔方法〕	名	方法	*
□ 노력	〔努力〕	名	努力	*
□ 의견	〔意見〕	名	意見	*
□ 목적	〔目的〕	名	目的	*
□ 가능	〔可能〕	名	可能	*

- 서연 씨 **생각**은 어때요?　　ソヨンさんの考えはどうですか？
- 어젯밤에 이상한 **꿈**을 꿨어요．夕べおかしな夢を見ました．
- **발전**을 위한 **방법**을 찾아야 합니다．
　　　　　　　　　　発展のための方法を求めなければなりません．
- **노력**은 모두가 하고 있죠．努力はみんながしてますよ．
- 차에 **이상**이 있으면 바로 연락 주세요．
　　　　　　　　　　車に異常があれば，すぐに連絡ください．
- 그 사람은 자기 **잘못**을 알아야 돼요．
　　　　　　　　　　彼は自分の過ち（間違い）を知らなければなりません．
- 학교 홈페이지를 통해서 **의견**을 모으고 있습니다．
　　　　　　　　　　学校のホームページを通じて意見を集めています．

111 差異・関連に関わることば

□ 이상	〔以上〕	名	以上	*
□ 이하	〔以下〕	名	以下	*
□ 계속	〔繼續〕	名 副	継続, 引き続き, ずっと	*
□ 예	〔例〕	名	例	*
□ 마찬가지		名	同様	*
□ 차이	〔差異〕	名	差異, 違い	*
□ 보통	〔普通〕	名 副	普通	*
□ 양쪽	〔兩-〕	名	両方	*
□ 절대	〔絕對〕	名 副	絶対	*

112 生起・変動に関わる動詞

□ 계속하다	〔繼續-〕	動	続ける	*
□ 계속되다	〔繼續-〕	動	続く	*
□ 나타나다		動	現れる	*
□ 나타내다		動	表す	*
□ 생기다		動	生じる, できる	*
□ 달라지다		動	変わる	*
□ 발전하다	〔發展-〕	動	発展する	*
□ 발전되다	〔發展-〕	動	発展する	*
□ 발전시키다	〔發展-〕	動	発展させる	(*)

- **예**를 들어 여기서 점수에 삼십 점 **이상 차이**가 나면 어떻게 할까요?
  例えば（例を挙げると）ここで点数に30点以上差が出たら, どうしましょうか？

- 다음 주도 삼 도 **이하**의 추운 날씨가 **계속될** 것입니다.
  来週も3度以下の寒い天気が続くでしょう.

- **양쪽** 다리가 너무 아파요. 両方の脚がひどく痛いです.

- 회사에 갑자기 일이 **생겨서** 지금 다시 가야 돼요.
  会社に急に用事ができて, 今また行かなければなりません.

- 그 사람 많이 **달라졌네요**. あの人ずいぶん変わりましたね.

確認しよう

A 以下の単語をグループに分けてみよう．分けた基準も説明してみよう．

기억	새	지식
소	개	생각
꿈	쥐	말
오리	고양이	닭

B 例にならい，用言を活用させてみよう．〔해요体・過去〕

例 가다 ➡ 갔어요

1. 생기다 ➡
2. 나타나다 ➡
3. 발전시키다 ➡
4. 계속하다 ➡
5. 달라지다 ➡
6. 나타내다 ➡

C 日本語を参考に，（ ）に当てはまる単語を入れて，文を完成させよう．

1. 引き続き努力しなければなりません．
   （　　　）（　　　　　）합니다．

2. 建物から落ちる危険があります．
   건물에서（　　　　）（　　　　）이 있어요．

3. 気温が30度以上を記録する日が続いています．
   기온이 삼십 도（　　　　）을 기록하는
   날이（　　　　）있어요．

D 韓国語で書いてみよう．

1. 彼の目的は何でしょうか？ ➡
2. それは私の間違いです． ➡
3. 両方に差異があります． ➡

まとめ⑥ 読解編

I 次の文章を読んで，意味を考えてみよう．下線を引いてある語は辞書を引いて意味を確認しよう．

〈池田さんが語学学校で自己紹介している〉

안녕하세요? 제 이름은 이케다 나나입니다. 대학교 삼 학년입니다. 저는 교환학생으로 한국에 왔습니다. 제 전공은 영어학입니다. 그런데 한국 문화에 관심이 있어서 일본에서 제이 외국어로 한국어를 공부했습니다. 한국어를 더 잘하고 싶어서 한국에 왔습니다. 앞으로 일 년 동안 한국어를 열심히 공부할 생각입니다.

II 次の会話文を読んで，意味を考えてみよう．下線を引いてある語は辞書を引いて意味を確認しよう．「*」をつけたフレーズは ✔注 を参照．

〈池田さんがスヒョンさんに映画館への行き方を尋ねている〉

이케다 : 수현 씨, 혹시 대한극장* 알아요?

수현　 : 네. 충무로에* 있는 극장이죠? 그런데 왜요?

이케다 : 아, 주말에 영화 보러 가려고요.* 충무로역까지 어떻게 가는 게* 좋을까요?

수현　 : 지하철을 타는 게 편하죠. 충무로역에서 바로 갈 수 있거든요. 그리고 버스보다 더 빠르고요.

이케다 : 그래요? 그럼 3호선이나 4호선을 타면 되겠네요.*

수현　 : 맞아요. 여기에서 먼저 2호선을 타고 교대역에서* 3호선으로 갈아타세요. 근데 누구하고 가요?

이케다 : 대학교에서 한국어를 같이 공부한 중국 친구가 한국에 오는데 같이 가려고요.

> ✔注 대한극장「大韓劇場（ソウル市内にある映画館）」 충무로「忠武路（ソウル市内の地名）」 -(으)려고요「〜しようと思って」 게→것이「〜ことが，〜のが」 -겠네요「〜しそうですね」 교대역「教大駅（ソウル市内の地下鉄駅）」

Ⅲ 次の会話文を読んで，意味を考えてみよう．下線を引いてある語は辞書を引いて意味を確認しよう．「*」をつけたフレーズは ✔注 を参照．

〈ワンダンさんと池田さんが映画館近くのカフェで待ち合わせている〉

이케다 : 왕단 씨, 늦어서 미안해요. 오래 기다렸죠?

왕단 : 아뇨, 저도 방금 왔어요. 아이스커피 두 잔 ①시켰는데 괜찮죠?

이케다 : 고마워요. 근데 정말 오랜만이네요. 작년에는 일본에서 같이 공부했는데 지금 이렇게 서울에서 만나니까 더 ②반가운 것 같아요.*

왕단 : 진짜 그렇네요. 참, 유학 생활은 어때요? 친구도 많이 생겼어요?

이케다 : 네. 학교 기숙사에서 같이 ③사는 한국 친구가 정말 잘해 줘요. 기회가 있으면 소개하고 싶은데……. 왕단 씨, 일본엔 언제 가요?

왕단 : 내일 부산으로 가서 여기저기 ④구경하고 목요일 비행기로 일본에 돌아갈 예정이에요.

이케다 : 그래요? 그럼 시간이 없네요…….

왕단 : 그럼 다음에 꼭 소개해 줘요. 다음은 좀 더 오래 있을 거예요.

이케다 : 네? 또 여행 올 거예요?

왕단 : 사실은 다음 봄 방학 때 한 달 동안 서울에서 한국어 공부할 생각이거든요. 그때 그 친구도 같이 만나요.

✔注 -(으)ㄴ 것 같다 「～なようだ．～だと思う」

★ ①〜④の用言を基本形に戻してみよう．

① _____ ② _____

③ _____ ④ _____

113 ハングル字母の名称

□ 한글	名	ハングル	**
□ 기역	名	子音のㄱ	(*)
□ 니은	名	子音のㄴ	(*)
□ 디귿	名	子音のㄷ	(*)
□ 리을	名	子音のㄹ	(*)
□ 미음	名	子音のㅁ	(*)
□ 비읍	名	子音のㅂ	(*)
□ 시옷	名	子音のㅅ	(*)
□ 이응	名	子音のㅇ	(*)
□ 지읒	名	子音のㅈ	(*)
□ 치읓	名	子音のㅊ	(*)
□ 키읔	名	子音のㅋ	(*)
□ 티읕	名	子音のㅌ	(*)
□ 피읖	名	子音のㅍ	(*)
□ 히읗	名	子音のㅎ	(*)
□ 쌍기역	名	子音のㄲ	(*)
□ 쌍디귿	名	子音のㄸ	(*)
□ 쌍비읍	名	子音のㅃ	(*)
□ 쌍시옷	名	子音のㅆ	(*)
□ 쌍지읒	名	子音のㅉ	(*)

✔ **辞書の引き方（2）** ― 辞書を引く手順は①初声の子音字母を見る，②母音字母を見る，③終声の子音字母を見る，となります．例えば봄という語を調べるには，①初声の子音字母＝ㅂの項目を探す，②ㅂから始まる項目のうち，母音字母＝ㅗの項目を探す，③보から始まる項目のうち，終声の子音字母＝ㅁで終わる項目を探す，という手順になります．用言の活用形は考え得る基本形に戻して調べる必要があります．例：봐요 → 보다，삽니다 → 사다あるいは살다

114 補助用言

□ 않다	補動 補形	(-지 않다の形で) ～ない	*
□ 못하다	補動 補形	(-지 못하다の形で) ～できない	**
□ 싶다	補形	(-고 싶다の形で) ～たい	**
		①싶고 ②싶으면 / 싶으세요 ③싶어요	

115 依存名詞

□ 것		依	もの, こと, の	**
□ 거		依	もの, こと, の (것の縮約形)	**
□ 등	〔等〕	依	など	*
□ 등	〔等〕	依	(漢数詞とともに) ～等	*
□ 때문		依	～のため, ～のせい	*
□ 데		依	ところ, こと	*
□ 중	〔中〕	名 依	中, (～の) うち, ～中	*
□ 뿐		依	だけ, のみ	*
□ 쪽		依	方	**
□ 간	〔間〕	依	～間	*
□ 분		依	方, ～名様	**
□ 초	〔初〕	依	初め	*
□ 말	〔末〕	依	末	*

- 아르바이트 **때문**에 나가지 **못할** 거예요.
  アルバイトのために出られなさそうです.

- 위험하기 **때문**에 주의가 필요합니다.
  危険であるため注意が必要です.

- 사월 **말**부터 유월 **초**까지 계속될 예정입니다.
  4月末から6月初めまで続く予定です.

- 한국에서 오신 **분**은 계단 **쪽**으로 오세요.
  韓国からいらっしゃった方は階段の方に来てください.

- 전 그렇게 먼 **데** 가고 **싶지 않습니다**.
  私はそんな遠いところに行きたくありません.

116　接頭辞・接尾辞

□ 대-	〔大〕	接頭	大~	*
□ 매-	〔毎〕	接頭	毎~	*
□ 미-	〔未〕	接頭	未~	*
□ 소-	〔小〕	接頭	小~	*
□ 제-	〔第〕	接頭	第~	**
□ -들		接尾	~たち	*
□ -비	〔費〕	接尾	~費	*
□ -사	〔社〕	接尾	~社	*
□ -생	〔生〕	接尾	~生	*
□ -생	〔生〕	接尾	~生まれ	*
□ -어	〔語〕	接尾	~語	**
□ -원	〔員〕	接尾	~員	*
□ -장	〔長〕	接尾	~長	*
□ -장	〔場〕	接尾	~場	*
□ -적	〔的〕	接尾	~的	*
□ -점	〔店〕	接尾	~店	*
□ -쯤		接尾	~ほど, ~くらい, ~ころ	**
□ -학	〔學〕	接尾	~学	*
□ -행	〔行〕	接尾	~行き	*
□ -회	〔會〕	接尾	~会	*

- 수영을 배우러 수영**장**에 갔어요.
  水泳を習いにプール（水泳場）に行きました.
- 어머니는 1945년**생**이세요. 母は1945年生まれでいらっしゃいます.
- 역사**적**인 행사가 성공**적**으로 끝났습니다.
  歴史的な行事が成功裏に（成功的に）終了しました.
- 지금 인천, 인천**행** 열차가 들어오고 있습니다.
  ただいまインチョン, インチョン行き列車が入ってきております.

確認しよう

A 左列に示された語に合う接尾辞を，右側から選んで線で結んでみよう．

1. 회사　・　　　　　　　　　・ 생
2. 1999년・　　　　　　　　　・ 적
3. 생활　・　　　　　　　　　・ 비
4. 시간　・　　　　　　　　　・ 원

B 例にならい，以下に示された単語で接頭辞，接尾辞の部分に下線を引いてみよう．

　　　例 한국어　　韓国語

1. 대도시　　大都市　　　　3. 서울행　　ソウル行き
2. 운동장　　運動場　　　　4. 연습생　　練習生

C 以下の子音字母を，辞書の排列順に並べ替えてみよう．

　　ㄷ　　　　　　ㅅ　　　　　　ㄹ
　　ㄱ　　　　　　ㅇ　　　　　　ㅂ
　　ㅈ　　　　　　ㄴ　　　　　　ㅁ

D 日本語を参考に，（　）に当てはまる単語を入れて，文を完成させよう．

1. 今後も発展のために努力する<u>のみ</u>です．
　　앞으로도 발전을 위해 노력할 (　　　　)입니다．

2. どこかいい<u>ところ</u>があれば紹介してください．
　　어디 좋은 (　　　　)가 있으면 소개해 주세요．

3. 韓国語の単語の<u>中</u>で，まず覚えなければならない<u>もの</u>は何ですか？
　　한국어 단어 (　　　　)에서 먼저 외워야
　　하는 (　　　　)이 뭐예요？

索 引

*数字はセクション番号を示す。

ㄱ

가게	046	개월	016	경찰서	048
가격	062	거	115	경치	065
가깝다	063	거기	003	계단	041
가끔	074	거리	044	계란	055
가능	110	거울	043	계산	106
가능하다	095	거의	064	계산기	040
가다	010	거짓	077	계산하다	107
가르치다	007	거짓말	077	계속	111
가방	033	걱정	090	계속되다	112
가볍다	063	걱정되다	099	계속하다	112
가수	103	걱정하다	099	계시다	075
가슴	037	건강	038	계절	017
가운데	008	건강하다	039	계획	104
가을	017	건강히	093	계획하다	105
가장	064	건물	046	고교	006
가져가다	047	건배	052	고급	006
가져오다	047	걷다	047	고기	055
가족	025	걸다	032	고등학교	006
가지다	032	걸리다	010	고등학생	006
간	115	걸어가다	047	고맙다	092
간호사	103	걸어오다	047	고양이	109
갈비	053	검다	101	고추	055
갈비탕	053	검은색	100	고추장	052
감기	038	것	115	고춧가루	052
감다 (髪を)洗う	024	게임	049	고프다	039
감다 (目を)閉じる	072	겨우	071	고향	065
감사	090	겨울	017	곧	084
감사하다	099	겨울 방학	017	곰	109
갑자기	093	결과	077	곳	009
값	062	결정	104	공 ゼロ	011
강	070	결정되다	105	공 ボール	097
강물	070	결정하다	105	공부	005
강원도	082	결혼	062	공부하다	007
강하다	063	결혼하다	019	공원	048
같다	096	경기도	082	공중전화	086
같이	093	경상남도	082	공책	040
같이하다	027	경상도	082	공항	045
개 イヌ	109	경상북도	082	공휴일	017
개 ～個	021	경찰	103	과	006
		경찰관	103	과일	055

과자	058	그럼 もちろん	029	꼭	093	
관심	090	그럼요	029	꽃	068	
괜찮다	095	그렇게	030	꾸다	098	
교과서	040	그렇다	102	꿈	110	
교사	005	그렇지만	030	꿈꾸다	098	
교수	005	그룹	051	꿈속	110	
교실	040	그릇	056	끄다	108	
교통	044	그리고	030	끊다	108	
교회	048	그리다	050	끝	060	
구 区（行政区画）	079	그림	049	끝나다	078	
구 九	011	그분	001	끝내다	078	
구경	065	그저께	014			ㄴ
구두	034	그제	014	나	001	
구름	070	그중	004	나가다	010	
구월	016	그쪽	003	나누다	108	
국	053	극장	048	나다	010	
군인	103	근데	030	나라	080	
권	059	근처	009	나무	068	
귀	036	글	088	나쁘다	095	
귤	055	글쎄요	029	나오다	010	
그 彼	001	글자	088	나이	021	
그 その, あの	028	금요일	015	나중	060	
그 そのう	029	기다리다	089	나타나다	112	
그거	002	기분	090	나타내다	112	
그것	002	기쁘다	092	날	014	
그곳	003	기숙사	006	날다	067	
그날	004	기억	110	날씨	070	
그냥	093	기억나다	076	날짜	014	
그대로	093	기억되다	076	남 南	009	
그동안	084	기억하다	076	남- 男~	026	
그때	004	기역	113	남기다	054	
그래서	030	기차	044	남녀	026	
그램	059	길	044	남다	108	
그러나	030	길다	073	남동생	026	
그러니까	030	김	053	남북	009	
그러면	030	김밥	053	남성	026	
그러하다	102	김치	053	남아프리카공화국	081	
그런	028	깎다	108	남자	026	
그런데	030	깨끗하다	096	남자아이	026	
그럼 それなら	030	깨다	024	남자 친구	031	

남쪽	009	놀라다	098	달 ～ヶ月	021		
남편	025	농구	097	달다	057		
남학생	006	높다	073	달라지다	112		
낫다	019	놓다	032	달러	059		
낮	013	누구	004	달력	018		
낮다	073	누나	026	달리다	067		
내 私, 私の	001	눈 目	036	닭	109		
내 ～内	009	눈 雪	070	닭고기	055		
내년	018	눈물	036	담배	058		
내다	054	눕다	067	답	083		
내려가다	047	뉴스	083	답하다	085		
내려오다	047	느끼다	098	대-	116		
내리다	010	늘	074	대개	064		
내일	014	늘다	108	대답	083		
냄새	100	늙다	019	대답하다	085		
냉면	053	늦다	063	대학	005		
냉장고	042	늦잠	062	대학교	005		
너	001	니은	113	대학교수	005		
너무	064	-님	087	대학생	005		
너희	001			대학원	006		
넉	012	**ㄷ**		대한민국	080		
넓다	063	다	064	대화	083		
넘다	047	다녀오다	047	댁	041		
넣다	054	다니다	010	더	064		
네 よっつの…	012	다르다	096	더욱	064		
네 はい	029	다리 脚	037	덥다	073		
네 번째	061	다리 橋	045	데	115		
넥타이	034	다섯	012	도 道（行政区画）	079		
넷	012	다섯 번째	061	도 ～度	059		
넷째	061	다섯째	061	도서관	005		
년	018	다시	084	도시	079		
노란색	100	다음	060	도시락	053		
노랗다	101	다음 날	014	도와주다	089		
노래	051	다음 달	016	도장	040		
노래방	051	다음 주	015	도착	065		
노래하다	027	다음 해	018	도착하다	066		
노력	110	다치다	019	독서	106		
노력하다	107	닦다	024	독일	081		
노트	040	단어	088	돈	062		
놀다	027	닫다	072	돌	070		
		달 月	070				

돌다	047	땀	036	말 ことば	083
돌려주다	094	때	013	말 ウマ	109
돌아가다	047	때문	115	말 末	115
돌아오다	047	떠나다	010	말다	078
돕다	089	떡	053	말씀	083
동	079	떡국	053	말씀드리다	085
동물	109	떡볶이	053	말씀하시다	085
동생	026	떨어지다	108	말하다	085
동안	017	또	074	맑다	073
동쪽	009	또는	030	맛	052
돼지	109	똑같다	096	맛없다	101
돼지고기	055	똑바로	093	맛있다	101
되다	027	뛰다	067	맞다	076
두	012	뜨겁다	057	맞은편	009
두다	032	뜨다	072	맞추다	054
두 번째	061	뜻	110	매-	116
두부	055	**ㄹ**		매년	018
둘	012	라디오	042	매달	016
둘째	061	라면	053	매번	018
뒤	008	량강도	082	매우	064
뒤쪽	008	러시아	081	매일	014
드라마	083	리을	113	매주	015
드리다	094	**ㅁ**		맥주	058
들다	050	마리	021	맵다	057
-들	116	마시다	019	머리	036
들다 (〜に) 入る	010	마음	090	먹다	019
들다 (〜を) 持つ	032	마음속	090	먼저	084
들다 (費用が) かかる	094	마지막	060	멀다	063
들리다	098	마찬가지	111	멋있다	096
들어가다	010	마치다	078	메뉴	052
들어오다	010	마흔	020	메일	086
등 背中	037	만	011	멕시코	081
등 〜など	115	만나다	089	며칠	014
등 〜等 (とう)	115	만들다	054	명	021
등산	051	만일	071	몇	012
디귿	113	만화	049	몇 월	016
디브이디	051	만화가	103	모두	022
따뜻하다	057	만화책	049	모든	028
딸	025	많다	063	모레	014
딸기	055	많이	064	모르다	076

모양	100	밀다	076	방법	110		
모으다	108	밀리그램	059	방학	017		
모이다	108	밑	008	방향	009		
모자	034	**ㅂ**		배 腹	037		
모자라다	108	바꾸다	094	배 船	044		
목	036	바나나	055	배 梨	055		
목소리	100	바다	070	배구	097		
목요일	015	바닷물	070	배우다	007		
목욕	062	바람	070	배추	055		
목욕하다	024	바로	071	백	011		
목적	110	바쁘다	091	백화점	046		
몸	036	바지	034	버리다	032		
못	071	박물관	048	버스	044		
못하다	114	밖	008	번	021		
무	055	반 班	006	번역	049		
무겁다	063	반 半	022	번역하다	085		
무슨	028	반갑다	092	번째	061		
무어	004	반년	018	번호	022		
무엇	004	반달	070	벌	059		
무척	064	반드시	071	벌써	084		
문	041	반찬	053	벗다	032		
문장	088	받다	094	벽	041		
문제	104	발	037	별	070		
문제되다	105	발가락	037	병 病気	038		
문제점	104	발음	088	병 瓶	056		
문화	049	발음하다	085	병들다	019		
묻다	085	발전	110	병원	046		
물	058	발전되다	112	보내다	094		
물건	062	발전시키다	112	보다	098		
물고기	109	발전하다	112	보이다	098		
물론	071	발표	104	보통	111		
물어보다	085	발표되다	105	복잡하다	091		
뭐	004	발표하다	105	볼펜	040		
미-	116	발표회	104	봄	017		
미국	080	밝다	091	봄 방학	017		
미국 사람	031	밤	013	뵙다	089		
미국인	031	밥	053	부르다 満腹だ	039		
미안하다	092	밥그릇	056	부르다 呼ぶ, 歌う	085		
미음	113	방	041	부모	025		
미터	059	방문	041	부모님	025		

부부	025	사과	055	생일	017
부엌	041	사다	094	생활	062
부인	025	사람	031	생활하다	019
부장	103	사랑	090	샤워	062
부장님	103	사랑하다	099	서다	067
부탁	106	사무실	048	서로	093
부탁드리다	107	사실	077	서른	020
부탁하다	107	사용	106	서울	080
북	009	사용하다	107	서점	048
북쪽	009	사우디아라비아	081	서쪽	009
북한	080	사월	016	석	012
분 ～分	013	사이	009	선물	062
분 ～方（かた）	115	사이사이	009	선물하다	094
불	070	사장	103	선생	005
불고기	053	사장님	103	선생님	005
불다	069	사전	040	선수	097
붙다	108	사진	049	설명	083
붙이다	108	사탕	058	설명되다	105
브라질	081	사회	104	설명하다	085
비 雨	070	산	070	설탕	052
-비 ～費	116	산책	049	섬	070
비누	043	살	021	성함	087
바다	108	살다	019	세 みっつの…	012
비디오	042	삼	011	세 ～歳	023
비빔밥	053	삼월	016	세다	076
비슷하다	096	새 鳥	109	세 번째	061
비싸다	063	새 新しい	028	세수	062
비읍	113	새해	018	세수하다	024
비행기	044	색	100	세우다	054
빌려주다	094	색깔	100	세탁기	042
빌리다	094	색연필	040	센티미터	059
빠르다	063	샌드위치	053	셋	012
빨간색	100	-생 ～生	116	셋째	061
빨갛다	101	-생 ～生まれ	116	소 ウシ	109
빨리	093	생각	110	소- 小～	116
빵	053	생각나다	076	소개	106
뿐	115	생각되다	076	소개되다	107
		생각하다	076	소개하다	107
ㅅ		생기다	112	소고기	055
사 四	011	생선	055	소금	052
-사 ～社	116				

소리	100	스무	020	싶다	114		
소설	049	스물	020	싸다	063		
소설가	103	스키	097	싸우다	089		
소설책	049	스타	103	쌀	055		
소파	043	스트레스	038	쌍기역	113		
소풍	051	스포츠	097	쌍디귿	113		
속	008	슬프다	092	쌍비읍	113		
속옷	034	시 市 (行政区画)	079	쌍시옷	113		
손	037	시 ～時	013	쌍지읒	113		
손가락	037	시간	013	쓰다 使う	032		
손님	031	시계	033	쓰다 (帽子など)かぶる	032		
손발	037	시내	065	쓰다 書く	089		
손수건	035	시디	051	쓰레기	062		
쇠고기	055	시옷	113	씨	087		
쇼핑	062	시원하다	092	씻다	024		
쇼핑하다	024	시월	016				
수	022	시작	060	아가씨	031		
수건	035	시작되다	078	아까	084		
수고	090	시작하다	078	아내	025		
수고하다	099	시장	046	아뇨	029		
수도	080	시청	048	아니	029		
수만	011	시키다	089	아니다	075		
수박	055	시합	097	아니요	029		
수백	011	시험	005	아들	025		
수업	005	식당	052	아래	008		
수영	097	식사	052	아래쪽	008		
수영장	048	식사하다	019	아래층	041		
수요일	015	식탁	043	아르바이트	062		
수천	011	신	034	아르헨티나	081		
숙제	005	신다	032	아름답다	096		
순서	061	신문	086	아마	093		
순가락	056	신발	034	아마도	093		
술	058	신호등	045	아무	004		
술잔	056	실례	083	아무것	002		
숫자	022	실례하다	089	아버님	025		
쉬다	024	싫다	095	아버지	025		
쉰	020	싫어하다	099	아빠	025		
쉽다	095	십	011	아시아	080		
슈퍼마켓	048	십이월	016	아이	025		
스마트폰	086	십일월	016	아이고	029		

아이스크림	058	양말	034	여권	065
아저씨	031	양복	034	여기	003
아주	064	양쪽	111	여기저기	003
아주머니	031	애기	083	여덟	012
아줌마	031	애기하다	085	여덟 번째	061
아직	084	-어	116	여동생	026
아직까지	084	어깨	037	여든	020
아직도	084	어느	028	여러	028
아침	013	어느 것	004	여러 가지	022
아파트	048	어둡다	091	여러분	031
아프다	039	어디	004	여름	017
아프리카	080	어떠하다	102	여름 방학	017
아홉	012	어떤	028	여보세요	029
아홉 번째	061	어떻게	030	여섯	012
아흔	020	어떻다	102	여섯 번째	061
안 中	008	어렵다	095	여성	026
안 ～ない	071	어른	026	여우	109
안경	035	어리다	091	여자	026
안녕하다	039	어린이	026	여자아이	026
안다	054	어린이날	017	여자 친구	031
안되다	027	어머니	025	여학생	006
안쪽	008	어머님	025	여행	065
앉다	067	어서	071	여행사	048
않다	114	어울리다	076	여행하다	066
알다	076	어저께	014	역	045
알리다	007	어제	014	역사	049
알바	062	어젯밤	014	역시	071
알아듣다	098	언니	026	연극	049
앞	008	언제	004	연락	106
앞뒤	008	언제나	074	연락처	083
앞쪽	008	얻다	094	연락하다	107
애	025	얼굴	036	연말	018
야구	097	얼마	004	연세	021
야채	055	얼마나	004	연습	106
약 藥	038	엄마	025	연습하다	107
약 約	028	없다	075	연필	040
약국	048	에어컨	042	열	012
약속	106	엔	059	열다	072
약속하다	107	엘리베이터	044	열리다	072
약하다	063	여-	026	열 번째	061

열쇠	035	옳다		095	위험하다	039
열심히	093	옷		034	유럽	080
영	011	왜		071	유럽 연합	081
영국	081	왜냐하면		030	유명하다	095
영어	088	외국		080	유월	016
영향	077	외국어		088	유학	005
영화	049	외국인		031	유학생	006
옆	008	외우다		007	유학하다	007
옆방	041	왼발		037	육	011
옆집	041	왼손		037	은행	046
예 例	111	왼쪽		008	음료수	058
예 はい	029	요리		052	음반	051
예문	088	요리하다		019	음식	052
예쁘다	096	요일		015	음악	051
예순	020	요즈음		013	음악가	103
예정	106	요즘		013	음악회	051
예정되다	107	우리		001	의견	110
옛날	013	우리나라		080	의미	088
옛날이야기	083	우산		033	의미하다	089
오	011	우선		084	의사	103
오늘	014	우유		058	의자	043
오다	010	우체국		086	이 歯	036
오래	084	우표		086	이 二	011
오래간만	017	운동		097	이 この	028
오랜만	017	운동장		048	이거	002
오렌지	055	운동하다		067	이것	002
오르다	047	운전		044	이것저것	002
오른발	037	운전하다		066	이곳	003
오른손	037	울다		027	이기다	027
오른쪽	008	웃다		027	이날	004
오리	109	원 〜ウォン		059	-이다	075
오빠	026	-원 〜員		116	이달	016
오월	016	월		016	이때	004
오이	055	월말		016	이러하다	102
오전	013	월요일		015	이런	028
오후	013	위		008	이렇게	030
올라가다	047	위아래		008	이렇다	102
올라오다	047	위쪽		008	이름	087
올리다	047	위층		041	이마	036
올해	018	위험		110	이번	060

이번 달	016	일본 사람	031	잘못	110		
이번 주	015	일본어	088	잘못되다	076		
이분	001	일본 요리	052	잘못하다	076		
이상 異常	110	일본인	031	잘하다	027		
이상 以上	111	일어나다	024	잠	062		
이상하다	039	일어서다	067	잠깐	084		
이야기	083	일요일	015	잠들다	024		
이야기하다	085	일월	016	잠시	084		
이용	106	일주일	015	잠자다	024		
이용되다	107	일찍	084	잡다	054		
이용하다	107	일하다	024	잡수시다	019		
이월	016	일흔	020	잡지	040		
이유 理由	077	읽다	050	장 ～枚	059		
이유 EU	081	잃다	089	-장 ～長	116		
이응	113	잃어버리다	089	-장 ～場	116		
이전	060	입	036	장미	068		
이제	013	입구	045	장소	009		
이쪽	003	입다	032	재미	090		
이탈리아	081	입학	005	재미없다	092		
이틀	014	입학하다	007	재미있다	092		
이하	111	있다	075	저 わたくし	001		
이해	106	잇다	076	저 あの	028		
이해되다	107	잊어버리다	076	저 あのう	029		
이해하다	107			저거	002		
이후	060	**ㅈ**		저것	002		
인	023	자	029	저고리	034		
인기	051	자강도	082	저곳	003		
인도	081	자기	001	저기 あそこ	003		
인도네시아	081	자꾸	074	저기 (呼びかける際に) すみません	029		
인사	083	자다	024	저기요	029		
인사말	083	자동차	044	저녁	013		
인사하다	085	자라다	019	저녁때	013		
인터넷	086	자리	009	저러하다	102		
일 こと, 仕事	062	자장면	053	저런	028		
일 一	011	자전거	044	저렇게	030		
일 ～日	014	자주	074	저렇다	102		
일곱	012	작년	018	저분	001		
일곱 번째	061	작다	073	저쪽	003		
일본	080	잔	056	저희	001		
일본 말	088	잘	074	-적	116		
		잘되다	027				

적다 書く	089	좁다	063	지난주	015
적다 少ない	063	종이	040	지난해	018
전	060	좋다	095	지내다	024
전라남도	082	좋아하다	099	지다	027
전라도	082	죄송하다	092	지도 地図	065
전라북도	082	주	015	지도 指導	104
전철	044	주다	094	지도하다	105
전철역	045	주말	015	지방	079
전혀	071	주무시다	024	지식	110
전화	086	주부	103	지우개	040
전화번호	086	주소	083	지우다	108
전화하다	085	주스	058	지읒	113
절대	111	주의	110	지키다	054
절대로	093	주의하다	076	지하	045
젊다	091	주인	103	지하철	044
점 点	100	주일	015	지하철역	045
-점 ～店	116	죽다	019	직업	103
점심	013	준비	106	진짜	077
점심때	013	준비되다	105	질문	104
점심시간	013	준비하다	105	질문하다	105
접시	056	중	115	집	041
젓가락	056	중국	080	짓다	054
정도	022	중국 말	088	짜다	057
정류장	045	중국 사람	031	짧다	073
정말	077	중국어	088	-째	061
정말로	077	중국요리	052	쪽	115
정하다	107	중국인	031	-쯤	116
제 わたくし, わたくしの	001	중급	006	찌개	053
제- 第～	116	중요하다	095	찍다	050
제목	083	중학교	006		
제일	064	중학생	006	ㅊ	
제주특별자치도	082	쥐	109	차 車	044
조금	064	즐겁다	092	차 茶	058
조선	080	지각	062	차다	057
조선민주주의인민공화국	080	지각하다	024	차례	060
조용하다	091	지갑	035	차이	111
졸업	005	지금	013	찬물	058
졸업생	006	지나다	010	참	077
졸업하다	007	지난달	016	찻잔	056
좀	064	지난번	060	창문	041
				찾다	094

찾아가다	047	친구	031	테이블	043
찾아오다	047	친절하다	091	텔레비전	042
책	040	칠	011	토마토	055
책방	048	칠월	016	토요일	015
책상	043	칠판	040	통하다	085
처음	017	침대	043	틀리다	076
천	011	칫솔	043	티브이	042
천천히	093			티올	113
첫째	061	**ㅋ**		티켓	065
청바지	034	카드	033	팀	097
청소	062	카메라	033		
청소하다	024	카페	048	**ㅍ**	
초 ~秒	013	칼	043	파	055
초 初め	115	캐나다	081	파란색	100
초급	006	커피	058	파랗다	101
초대	104	커피숍	048	파티	049
초대하다	105	컴퓨터	106	팔 腕	037
초등학교	006	컵	056	팔 八	011
초등학생	006	케이크	058	팔다	094
초콜릿	058	켜다	108	팔월	016
추다	067	코	036	팩스	086
축구	097	콘서트	051	퍼센트	059
축하	083	콜라	058	페이지	049
축하하다	089	콧물	036	펜	040
출구	045	크다	073	펴다	072
출발	065	크리스마스	017	편안하다	092
출발하다	066	큰길	044	편의점	046
출신	065	키	037	편지	086
춤	051	키읔	113	편하다	092
춤추다	067	킬로	059	평안남도	082
춥다	073	킬로그램	059	평안도	082
충청남도	082	킬로미터	059	평안북도	082
충청도	082			평양	080
충청북도	082	**ㅌ**		포도	055
취미	049	타다	047	표	065
층	023	타월	035	풀다	108
치다	050	탁구	097	프랑스	081
치마	034	태권도	097	프로	059
치약	043	태어나다	019	프린트	104
치옷	113	택시	044	피	036
		터키	081	피곤하다	039
		테니스	097		

149

피다	069	해 年	018	희다	101
피아노	051	해외	080	흰색	100
피우다	019	해외여행	065	히읗	113
피읖	113	핸드폰	086	힘	036
피자	053	햄버거	053	힘들다	039
필요	077	-행	116		
필요하다	095	허리	037		

ㅎ

		형	026
하나	012	형제	026
하늘	070	호	023
하다	027	호주	081
하루	014	호텔	048
하룻밤	014	혹시	071
하지만	030	혼자	022
-학	116	혼자서	022
학교	005	홈페이지	086
학기	017	홍차	058
학년	023	화	090
학생	005	화요일	015
한	012	화장실	041
한국	080	환자	038
한국말	088	황해남도	082
한국 사람	031	황해도	082
한국어	088	황해북도	082
한국 요리	052	회 ~回	023
한국인	031	-회 ~会	116
한글	113	회사	046
한번	074	회사원	103
한복	034	회의	104
한자	088	회화	083
한자어	088	횟수	022
할머니	025	후	060
할아버지	025	휴가	017
함경남도	082	휴대전화	086
함경도	082	휴대폰	086
함경북도	082	휴일	017
함께	093	휴지	035
함께하다	027	휴지통	043
항상	074	흐르다	047
해 太陽	070	흐리다	073

確認しながらおぼえる
韓国語基本単語帳

©2019 年 1 月 30 日　第 1 版　発 行

検印省略

著　者　　　　　　　　　　　　須賀井　義教

発行者　　　　　　　　　　　　原　　雅　久
発行所　　　　　　　　　　株式会社 朝 日 出 版 社
　　　　　　　　　〒101-0065 東京都千代田区西神田 3-3-5
　　　　　　　　　　　　電話(03)3239-0271・72(直通)
　　　　　　　　　　　　振替口座　東京 00140-2-46008
　　　　　　　　　　　　　　　　欧友社／錦明印刷

乱丁・落丁本はお取り替えいたします
ISBN978-4-255-55667-3 C1087

本書の一部あるいは全部を無断で複写複製（撮影・デジタル化を含む）
及び転載することは、法律上で認められた場合を除き、禁じられています。

朝日出版社 ハングル能力検定試験問題集のご案内

ハングル能力検定試験5級実戦問題集

李昌圭・尹男淑 共著

- 問題を類型別に分けたので、実際の試験問題の出題順に始められる
- 類型別問題の対策と解答のポイントを詳しく解説
- 5級出題の文法と語彙などを合格ポイント資料として提示
- ハングル検定対策本のなかで最多の問題数
- リスニング問題が CD2 枚でまとめて学習できる
- CD で出題語彙も集中的に学習できる
- 模擬テストで実戦練習ができる
- 筆記と聞き取りの問題の解説を巻末にまとめて収録している

● A5 判 ● 208p. ● 特色刷 ● CD2 枚付　　　本体価格 2,700 円（403）

ハングル能力検定試験4級実戦問題集

李昌圭・安國煥 共著

- 問題を類型別に分けたので、実際の試験問題の出題順に始められる
- 類型別問題の対策と解答のポイントを詳しく解説
- 4級出題の文法と語彙などを合格ポイント資料として提示
- ハングル検定対策本のなかで最多の問題数
- リスニング問題が CD2 枚でまとめて学習できる
- 模擬テストで実戦練習ができる
- 筆記と聞き取りの問題の解説を巻末にまとめて収録している

● A5 判 ● 224p. ● 特色刷 ● CD2 枚付　　　本体価格 2,700 円（402）

ハングル能力検定試験3級実戦問題集

李昌圭・尹男淑 共著

- 問題を類型別に分けたので、実際の試験問題の出題順に始められる
- 類型別問題の対策と解答のポイントを詳しく解説
- 3級出題の文法と語彙などを合格ポイント資料として提示
- ハングル検定対策本のなかで最多の問題数
- リスニング問題が CD2 枚でまとめて学習できる
- 模擬テストで実戦練習ができる
- 筆記と聞き取りの問題の解説を巻末にまとめて収録している

● A5 判 ● 272p. ● 特色刷 ● CD2 枚付　　　本体価格 2,700 円（431）

ハングル能力検定試験準2級対策問題集 -筆記編-

李昌圭 著

- 出題内容が体系的に把握でき、試験準備が効率よくできる
- 準2級に出題される語彙や文法事項、発音、漢字等が一目瞭然でわかる
- 本書収録の 520題（本試験の 11 回分相当）の豊富な問題を通してすべての出題形式の問題が実戦的に練できる
- 間違えた問題や不得意な問題は印をつけ、繰り返し練習ができる

● A5 判 ● 360p. ● 特色刷　　　本体価格 2,400 円（743）

ハングル能力検定試験準2級対策問題集 -聞き取り編- 李昌圭 著

- 出題の傾向、学習ポイントが全体的・体系的に理解できるように、過去問を詳細に分析して出題内容を類型別に整理・解説
- 問題の類型と傾向、頻出語句、選択肢、文法事項などが一目で分かるように、問題類型別に重要なポイントをまとめて「合格資料」として提示
- 本試験と同じ練習問題を通して実戦的に練習ができるように、豊富な練習問題を類型別にまとめて本試験と同じ出題順に提示
- すべての問題は本試験と同じ形式で添付の音声ファイル CD-ROM に収録。実戦的に繰り返し練習ができ、聴力を鍛えることができる

● A5 判 ● 280p. ● 特色刷 ● 音声ファイル CD-ROM 付　　　本体価格 2,600 円（1028）

（株）朝日出版社

〒 101-0065　東京都千代田区西神田 3 − 3 − 5
TEL：03 − 3263 − 3321　　FAX：03 − 5226 − 9599
E-mail：info@asahipress.com　http://www.asahipress.com/